UNIVERSITÉ DE POITIERS

FACULTÉ DE DROIT

DE LA SUPPRESSION

DES

TAXES COMMUNALES D'OCTROI

THÈSE POUR LE DOCTORAT

PRÉSENTÉE ET SOUTENUE

Le vendredi 30 Novembre 1900, à 3 heures, dans la salle des Actes publics de la Faculté

PAR

Gaston BESNARD

POITIERS

IMPRIMERIE BLAIS ET ROY

7, RUE VICTOR-HUGO, 7

1900

DE LA SUPPRESSION

DES

TAXES COMMUNALES D'OCTROI

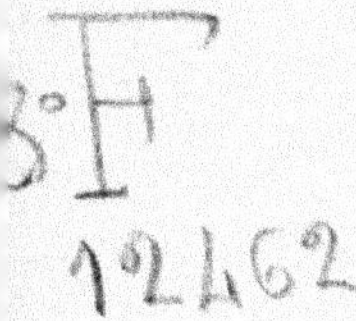

UNIVERSITÉ DE POITIERS

FACULTÉ DE DROIT

MM. Le Courtois (✱, I ✪), Doyen, Professeur de Droit civil.

Ducrocq (O ✱, I ✪), Doyen honoraire, Professeur honoraire, Professeur honoraire à la Faculté de Droit de Paris, Correspondant de l'Institut.

Thézard (I ✪), Doyen honoraire, Professeur de Droit civil, Sénateur.

Arnault de la Ménardière (I ✪), Professeur de Droit civil.

Normand (I ✪), Professeur de Droit criminel, assesseur du Doyen.

Parenteau-Dubeugnon (I ✪), Professeur de Procédure civile et Voies d'exécution.

Arthuys (I ✪), Professeur de Droit commercial et chargé du Cours de Droit maritime.

Bonnet (I ✪), Professeur de Droit romain.

Petit (I ✪), Professeur de Droit romain et chargé des Cours de Pandectes et de Science et Législation financières.

Barrilleau (I ✪), Professeur de Droit administratif et chargé d'un Cours de Droit administratif pour le Doctorat.

Surville (I ✪), Professeur de Droit international public et privé, et chargé d'un Cours de Droit civil.

Prévot-Leygonie (A ✪), Professeur d'Histoire du Droit public (Doctorat), de Droit constitutionnel comparé (Doctorat), et chargé d'un Cours de Principes du Droit public.

Michon (A ✪), Professeur adjoint, chargé des Cours d'Histoire générale du Droit français et d'Eléments du Droit constitutionnel (1re année), et du Cours d'Histoire du Droit (Doctorat).

Girault (A ✪), Professeur d'Economie politique et chargé du Cours de Législation et Economie coloniales.

Audinet (A ✪), Professeur adjoint, chargé du Cours de Droit civil comparé (Doctorat), et des Cours de Droit international public (Licence et Doctorat).

Dubois, chargé des Cours d'Economie politique (Doctorat), d'Histoire des Doctrines économiques et de Législation et Economie rurales.

Roche (I ✪), Secrétaire.

Coulon (I ✪), Secrétaire honoraire.

COMMISSION

Président : M. GIRAULT, professeur.

Suffragants : MM. PETIT, professeur.
DUBOIS, chargé de cours.

UNIVERSITÉ DE POITIERS
FACULTÉ DE DROIT

DE LA SUPPRESSION
DES
TAXES COMMUNALES D'OCTROI

THÈSE POUR LE DOCTORAT

PRÉSENTÉE ET SOUTENUE

Le vendredi 30 Novembre 1900, à 3 heures, dans la salle des Actes publics de la Faculté

PAR

Gaston BESNARD

POITIERS
IMPRIMERIE BLAIS ET ROY
7, RUE VICTOR-HUGO, 7

1900

DE LA SUPPRESSION

DES

TAXES COMMUNALES D'OCTROI

INTRODUCTION

Nature et Caractère des Revenus Communaux

Parmi les réformes fiscales à la solution desquelles les économistes et les législateurs de ces derniers temps se sont appliqués, il en est une qui, avec le privilège de leur préférence, intéresse particulièrement les communes : c'est la Réforme de l'Impôt de consommation connu sous le nom d'octroi. En effet, cette taxe est profondément impopulaire et l'étude des moyens susceptibles de la remplacer doit faire l'objet des préoccupations constantes de ceux entre les mains desquels résident les destinées d'un pays.

Dans une société bien organisée, les avantages, comme les charges, doivent être équitablement répartis. Non seulement la société doit donner à tous ses membres les mêmes moyens de se conserver et de se perfectionner sous le triple rapport du corps, de l'esprit et du cœur, mais elle doit aussi à tous une égale protection pour féconder leurs entreprises et leurs travaux.

Pour suffire à ses charges, la société est obligée de recourir aux impôts, et ceux-ci ne peuvent être supportés que par les membres de la société, mais il convient alors d'en répartir les charges d'après ces deux principes :

N'imposer que celui qui peut l'être;

Imposer tous ceux qui peuvent l'être dans la proportion de ce qu'ils peuvent.

Avec un cadre plus restreint, la Commune, autant comme réunion d'individus que par suite de sa personnalité morale, est forcée de faire face à des dépenses dont le chiffre augmente tous les jours en raison des besoins et des exigences de ses habitants; aussi bien que des améliorations qu'ils réclament.

Or, et comme compensation de ces dépenses, le législateur a permis aux Communes de faire appel à diverses sources de revenus.

Dans beaucoup de statistiques, on a groupé les recettes communales sous la division suivante :

a) — *Recettes ayant le caractère d'impôts directs.*

b) — — — *d'impôts indirects.*

c) — — *tirées du domaine.*

d) — — *diverses et imprévues.*

e) — *Contribution de l'Etat et du Département dans les charges municipales.*

f) — *Recettes d'ordre.*

La première et la cinquième catégorie forment surtout le budget des Communes rurales et se traduisent par des centimes et des subventions de l'État et du Département.

Les centimes additionnels, consistent en un supplément proportionnel qui chaque année s'ajoute au principal de certaines contributions directes et qui est calculé au marc le franc de ce principal.

Un centime additionnel qu'il soit établi au profit de l'État, du Département ou de la Commune, représente la centième partie du principal de la contribution à laquelle il s'ajoute.

Les centimes additionnels communaux se divisent en centimes ordinaires et centimes extraordinaires. Les centimes ordinaires sont les centimes spéciaux affectés aux Communes par les lois de finances; les centimes extraordinaires sont ceux auxquels les communes peuvent avoir recours en cas d'insuffisance de revenus (1).

a) *Centimes ordinaires*. — La loi de finances de 1818 affecta aux Communes 5 centimes ordinaires qui ne frappent que les contributions foncière et personnelle mobilière. La loi de 1836 établit 5 centimes pour les chemins vicinaux et la loi de 1884, 4 centimes des-

(1) C'est la loi du 10 avril 1791 qui a établi le fondement des centimes généraux ou d'État, départementaux et communaux. Voir sur ce sujet : le *Dictionnaire des Finances*, notamment les articles de M. Masson et de Crisenoy; la notice de M. Victor de Swarte dans la *Grande Encyclopédie* et le chapitre xv du *Traité de la Science des Finances*, de Leroy-Beaulieu.

tinés à l'instruction primaire. Ces 9 centimes frappent les quatre contributions. Depuis 1890 les villes ne perçoivent plus de centimes pour l'instruction primaire en vertu de l'article 2 de la loi du 19 juin 1889 qui a substitué l'État aux Communes.

b) *Centimes extraordinaires.* — Ces centimes frappent toujours le principal des quatre contributions, mais quelques exceptions ont été faites à cette règle pour la Ville de Paris. La loi du 7 avril 1873 a établi 17 centimes sur les trois premières contributions et 5 centimes seulement sur les patentes considérées comme déjà surchargées de centimes généraux. La loi du 25 juillet 1879 établit 27 centimes sur les trois premières contributions, et 17 seulement sur les patentes; celle du 13 juillet 1886 établit 4 centimes sur la contribution foncière en vue de gager un emprunt de 250 millions, et ces centimes ont été prorogés par la loi du 22 juillet 1892 (1).

Le concours de l'État se manifeste également par une attribution de 8 centimes sur le principal de la contribution des patentes, par une attribution sur la contribution des chevaux, voitures, vélocipèdes, et des subventions.

Le produit des centimes tend naturellement à augmenter annuellement par suite de la progression de la matière imposable et de l'augmentation de la population.

Cette plus-value automatique contribue à conserver

(1) Cadoux, *les Finances de la Ville de Paris*, p. 437.

de l'élasticité aux budgets, et c'est une précieuse qualité ; mais, en regard de cet avantage, le système des centimes offre le grave inconvénient de constituer aux Communes des recettes dépendant exclusivement de l'assiette des impôts directs établis par l'État; ce qui risque de mettre les budgets des Communes à la merci d'une réforme des contributions directes nationales opérée par le Parlement sans tenir un compte suffisant des nécessités financières locales. Ce danger est sans doute lointain, si l'on considère que les centimes contribuent de 20 à 25 pour cent aux recettes des budgets municipaux français (1).

Tel est le système en vigueur dans 34.500 communes environ ; mais il n'est pas suffisant pour les agglomérations importantes; sa productivité étant relativement restreinte, c'est alors que l'on recourt aux revenus ayant le caractère d'impôts indirects.

Les partisans de cette dernière catégorie de taxes citent à cet égard Montesquieu : « Les droits sur les marchandises sont ceux que les peuples sentent le moins, parce qu'on ne leur fait pas une demande formelle, ils ne peuvent être sagement ménagés parce que le peuple ignore qui les paie (2). »

(1) Leroy-Beaulieu, *Traité de la Science des Finances*, t. Ier, p. 715.

(2) Montesquieu, *De l'Esprit des Lois*, l. XIII, ch. VII. On pourrait rapprocher ce passage du même auteur (liv. VIII, ch. XII), sur le moyen de laisser au peuple l'illusion qu'il ne paie rien : « Pour que le prix de la chose et le droit puissent se confondre dans la tête de celui qui paie, il faut qu'il y ait quelque rapport entre la marchandise et l'impôt et que sur une denrée de peu de valeur on ne mette pas un droit excessif. »

Au premier rang des défenseurs de l'impôt indirect se place M. Thiers: « L'impôt direct, dit-il, est le plus incommode de tous, parce qu'il va chercher le contribuable pour exiger à tel jour, à telle heure, une somme que celui-ci n'a pas eu la précaution de mettre de côté; tandis que l'impôt indirect, confondu dans le prix de tout ce qui s'achète, se paie insensiblement à mesure des consommations et que le contribuable ne mange, ne boit pas une fois, ne porte pas un vêtement qu'il ne soit forcé d'acquitter une de ces contributions sans le vouloir, sans le savoir. Aussi les populations, seulement en cédant à leur propre impulsion, n'hésitent-elles jamais à préférer l'un à l'autre de ces impôts. Dans presque toutes les grandes villes en effet on demande à convertir la contribution personnelle et mobilière en octroi; à Paris, notamment, on déclare irrecouvrable trois millions de francs sur les plus basses cotes de la contribution mobilière, et on le prend sur les octrois. Insupportable sous forme d'impôt direct, cette somme devient invisible sous forme d'impôt indirect (1). »

L'argumentation de M. Thiers est évidemment séduisante au point de vue fiscal ; mais au point de vue de la justice on ne peut se défendre de faire des réserves. En effet qu'importe la faculté de perception ? Doit-on considérer un impôt comme impeccable uniquement parce qu'il est aisé à percevoir? Ce serait une doctrine bien dangereuse pour les populations. Nous croyons au contraire, surtout pour les impôts locaux, qu'autant que possible ils doivent revêtir, théoriquement du moins, la

(1) Assemblée nationale, Discours du 26 décembre 1791.

forme directe. Il faut, ainsi que l'a dit M. Frédéric Passy, regarder en face, et les services publics et les charges publiques. Il faut avoir le courage, quand on est gouvernement, municipalité, de dire aux contribuables : Pour tels ou tels services qui vous sont nécessaires, j'ai besoin de telles ou telles ressources; VOUS DEVEZ me les donner. Au fond, que l'impôt soit direct ou indirect il atteint toujours le contribuable. L'effet nuisible est donc produit dans tous les cas ; seulement par la forme indirecte, il agit à la façon de la morphine ; on l'absorbe par petites potions, peu à peu on augmente la dose jusqu'à ce que l'on tombe névropathe. En l'espèce, on ne peut que regretter la forme indirecte qu'ont prise les ressources locales.

Mais la branche la plus critiquée et la plus importante des revenus urbains en France, c'est l'octroi (1).

On fait dériver le nom de cette taxe d'un mot de basse latinité : « Ottroium licentia vasallo data, » dit le glossaire de Ducange, ce qui impliquerait que l'octroi a été regardé longtemps comme une concession de l'autorité souveraine.

L'on retrouve des édits forts anciens qui autorisent pour les Communes des impôts de consommation auxquels le fisc royal s'associait par un prélèvement variable des deux tiers, par exemple, en 1323, de moitié en 1663 (2).

Maintenue jusqu'à nos jours, cette institution fiscale

(1) Leroy-Beaulieu, *Traité de la Science des Finances*, t. Ier, p. 728.

(2) De Parieu, *Traité des Impôts*, IV, p. 9.

n'en a pas moins conservé ses inconvénients sans pour cela s'être améliorée.

Les octrois sont, de l'aveu de tous les économistes, tellement vexatoires, injustes et arbitraires ; ils sont tellement gênants pour la circulation des personnes et des choses, nuisibles en cela à la prospérité de l'État et des Communes ; ils sont tellement onéreux à percevoir ; ils créent entre les villes et les campagnes une inégalité tellement contraire aux principes élémentaires du droit public et aux maximes d'une saine économie politique ; ils imposent de telles privations à la classe la plus nombreuse et la plus pauvre, qu'il est urgent de les abolir.

Le texte dans lequel cette taxe communale puise une investiture légale prévoit sa suppression en même temps que son établissement : « Les Communes qui voudront supprimer leurs octrois ou les remplacer par une autre perception en feront parvenir la demande par le maire au préfet, qui, après en avoir reçu l'autorisation du ministre de l'Intérieur, autorisera, s'il y a lieu, le Conseil municipal à délibérer sur cette demande. »

Ainsi s'exprime l'article 85 de l'ordonnance du 9 décembre 1814. Cette disposition n'est pas abrogée en droit, mais elle l'est en fait.

En effet, les octrois ont pris une si grande extension, ils tiennent une si large place dans les budgets des Communes les plus importantes du pays que l'État seul est assez fort, assez riche pour procurer aux municipalités le moyen de s'en débarrasser. Heureusement que les sacrifices que l'État devra s'imposer pour rendre cette suppression possible seront, il faut l'espérer, bientôt après largement compensés par le développement de la prospérité et de la richesse nationales, et par l'accroissement du produit des autres impôts. Il est clair, en effet, que l'octroi, en frappant des objets déjà taxés au profit de l'État, comme les sucres, les vins, les spiritueux, a jusqu'ici mis obstacle à l'accroissement des revenus que l'État aurait pu en tirer.

Telle est l'intéressante question que nous nous proposons de traiter dans cette étude.

Nous examinerons d'abord les graves critiques faites aux octrois, non seulement à cause de leur injustice, mais aussi, et surtout, au sujet des inconvénients de toutes sortes que cette taxe entraîne avec elle dans son mode d'établissement, son assiette, sa perception, sa répercussion. Néanmoins, comme il ne suffit pas de supprimer une ressource si utile aux Communes, sans savoir comment la remplacer, nous envisagerons dans une deuxième division comment la question des taxes de remplacement a été traitée jusqu'à ce jour.

SECTION PREMIÈRE

Pourquoi les octrois doivent être supprimés.

CHAPITRE PREMIER

L'OCTROI N'EST PAS UN IMPÔT PROPORTIONNEL

L'Assemblée nationale de 1789 a adopté, en matière d'impôts, des bases dont la sagesse et l'équité se sont manifestées dans le principe général formulé en ces termes : « Toutes les contributions et charges publiques, de quelque nature qu'elles soient, seront supportées proportionnellement par tous les citoyens et par tous les propriétaires à raison de leurs biens et de leurs facultés. »

Appliquant aussitôt ce principe, l'assemblée posa les bases de contributions publiques et supprima les douanes intérieures, les taxes sur le sel, les boissons et les consommations en général.

Ces réformes accomplies, elle les expliqua à la nation le 24 août 1791, par un manifeste dans lequel elle déclarait que l'une des obligations imposées aux représentants était de pourvoir aux besoins publics « avec la moindre dépense et la moindre gêne qu'il serait possible ». L'assemblée ajoutait que dans sa pensée « le système financier d'une nation telle que la France doit avoir trois grands caractères : l'équité, l'égalité, l'uniformité ».

Les contributions indirectes, qui avaient été, sous l'ancien régime, une source d'abus, d'injustices et de cruautés, dont le récit remplit d'indignation, ne pouvaient être maintenues par la grande Assemblée.

« Vos représentants, portait le manifeste, sachant, par leur expérience et les instructions que vous leur avez données, que les visites domiciliaires et les vexations qu'elles entraînent sont insupportables à des hommes libres, se sont crus religieusement obligés de repousser toute idée, tout projet d'impositions dont la perception aurait exigé que l'on pût violer l'asile que chaque citoyen a droit de trouver dans sa maison, lorsqu'il n'est prévenu d'aucun crime. »

Aucune assemblée n'a appliqué à l'impôt une plus haute idée du principe de la justice. L'équité et le respect absolu de la liberté des contribuables sont les bases sur lesquelles elle avait établi le nouveau système financier de la France. C'est donc avec orgueil qu'elle pouvait proclamer la légitimité de ses lois par les paroles suivantes qui terminaient son manifeste (1). « Les impôts étaient arbitraires, leurs formes étaient tyranniques, révoltantes, leurs frais étaient énormes, leurs vexations également odieuses et ruineuses ; les nouvelles contributions modérées au delà de nos espérances suffiront ; leurs règles sont simples ; vous y voyez à chaque article

(1) Procès-verbaux des séances de l'Assemblée nationale, t. LX.

un profond sentiment d'équité, d'égalité, d'amour pour la liberté de chacun. »

Ces règles si simples, établies avec un si profond sentiment de la justice distributive, furent, hélas! bien vite oubliées.

En l'an VII reparaissaient les octrois, timidement d'abord à Paris, seulement comme impôt municipal de bienfaisance destiné de préférence aux dépenses des secours à domicile et des hospices. Cet impôt, qui rentrait sournoisement, dit M. Yves Guyot (1), honteusement en rampant, en se faufilant, ne tarda pas à s'enfler, agrandir, si bien que, moins de trois ans après, les octrois étaient rétablis à peu près partout comme avant la Révolution.

C'était la faillite des grands principes de 89 en matière de législation fiscale.

En effet, les octrois sont un défi continu et flagrant à la théorie de la proportionnalité.

Adam Smith, qui avait comparé en observateur attentif la situation de l'Angleterre avec celle de la France et des autres pays de l'Europe, n'hésitait pas à attribuer la prospérité de l'Angleterre à l'absence de toute entrave à la circulation intérieure. Il faisait remarquer que, grâce à un régime uniforme, on pourrait circuler d'un bout à l'autre du Royaume-Uni avec toute espèce de marchandise sans visites, sans laisser-passer, sans vexations, sans pertes de temps, et il voyait dans cet état de choses

(1) *Journal officiel*. Documents parlementaires, Chambre. 1886. Proposition de Loi sur la suppression des octrois : Exposé des motifs, p. 290.

l'une des principales causes de la prospérité de la Grande-Bretagne.

Le célèbre économiste anglais a rigoureusement déterminé les qualités que doivent réunir les impôts pour être conformes à l'équité et à la justice. Il exige d'abord qu'ils soient proportionnels aux revenus de chaque citoyen : théorie admise par l'Assemblée nationale.

« Les sujets d'un État, dit-il (1), doivent contribuer au soutien du Gouvernement chacun le plus possible en proportion de ses facultés, c'est-à-dire en proportion du revenu dont il jouit sous la protection de l'État. La dépense du Gouvernement est, à l'égard des individus d'une grande nation, comme les frais de régie sont à l'égard des copropriétaires d'un grand domaine, qui sont obligés de contribuer tous à ces frais à proportion de l'intérêt qu'ils ont respectivement dans ce domaine. »

Or, comme le fait remarquer M. Deloynes (2), cette règle n'est que l'application aux relations du citoyen avec l'État des principes de l'économie politique. Envisageant tous les hommes au point de vue de l'échange, cette science arrive logiquement à cette conclusion que chacun doit contribuer aux dépenses publiques en raison des bénéfices qu'il retire des services sociaux.

C'est la loi de l'échange, c'est la formule économique ; mais comment l'appliquer, comment déterminer les avantages que procurent à chacun la société et les services publics? Il est évident qu'une semblable recherche excède les bornes de l'intelligence, de la perspicacité

(1) Adam Smith, *Richesses des Nations*, t. II, p. 497.
(2) Deloynes, *les Octrois et les Budgets municipaux*, page 34.

humaine et que vouloir se lancer dans une telle appréciation de détails, dont les éléments varient chaque jour, à chaque heure, serait se vouer à l'accomplissement d'une œuvre irréalisable.

Mais aussi, dans l'impossibilité de déterminer d'une façon authentiquement exacte la part contributoire de chaque citoyen, les économistes cherchèrent à tourner la difficulté et à résoudre à l'aide de présomptions, le difficile problème qui s'imposait à leur examen. Les observations auxquelles ils se livrèrent leur démontrèrent que chacun profitait des services publics, en raison de ses facultés, et ils en conclurent, à bon droit, que chacun devait également participer aux dépenses en raison de ses ressources, de ses forces.

Voilà comment s'explique et se justifie facilement la règle posée par Adam Smith confirmée par l'assemblée de 89, comme une vérité incontestable, comme un principe fondamental en matière fiscale.

Or c'est au nom de cette règle de la proportionnalité de l'impôt que l'on peut, à bon droit, attaquer les octrois.

Et en effet, s'il est admis en principe que les services de l'État profitent aux citoyens et qu'ils doivent tous contribuer aux charges, il n'en est pas de même des services municipaux, qui ne profitent qu'aux Communes.

Les habitants doivent donc seuls en supporter les charges. Or, comme on peut s'en rendre compte en examinant les budgets communaux, c'est ordinairement le contraire qui se produit, et le principe équitable posé par Adam Smith est violé.

Il n'est pas mieux observé en ce qui concerne la proportionnalité des taxes communales sur les objets de consommation et de luxe. Les taxes qui concernent les derniers sont généralement moins élevées que sur les objets de consommation générale qui, sous un volume considérable, représentent une faible valeur, parce que la contrebande sur ces objets est plus difficile.

Les droits d'octroi sont donc un impôt progressif à rebours, puisqu'ils sont plus faibles sur les objets de luxe que sur les objets de première nécessité.

Ils violent par conséquent le principe de la proportionnalité des impôts, puisqu'ils frappent les citoyens sans tenir compte de leurs ressources et les atteignent d'autant plus sûrement que leur pauvreté ne leur permet de se procurer que des objets de consommation générale.

C'était l'opinion de Turgot, et il l'exprimait en ces termes : « L'octroi est un droit dont usent les villes pour se procurer des ressources financières aux dépens des campagnes en soumettant toutes les denrées à des taxes énormes qui en diminuent la consommation et qui sont, en outre, supportées par les citoyens les plus pauvres. »

Ainsi ceux qui profitent le plus des dépenses communes des villes sont précisément ceux qui n'y contribuent en rien et les dépenses se trouvent payées, dans le fait, par ceux qui n'ont point de biens fonds et que leur pauvreté met hors d'état de s'approvisionner en gros, ou par les habitants des campagnes, dont les denrées chargées de droits se vendent toujours moins avantageusement. C'est l'opinion que M. Guillemet, dans son très documenté rapport à la Chambre des députés, a très savamment mise en lumière (1).

Ce reproche n'a pas cessé d'être vrai. Ajoutons que l'octroi frappe les besoins les plus indispensables à la vie : la nourriture, la boisson, le chauffage. La famille la moins aisée ne saurait guère échapper à ces exigences. Elle s'en trouve atteinte tous les jours, à toutes les heures. La seule différence entre le riche et le pauvre est celle-ci : pour le rebut de l'étal que seul il peut acquérir, le pauvre paye juste autant d'octroi qu'en paye le riche pour les morceaux de choix qui coûtent et valent trois fois autant (2).

On peut différer d'opinion en ce qui concerne la répercussion plus ou moins inégale des taxes d'octroi sur les diverses classes de la population, mais ce que tout le monde doit reconnaître, c'est que l'octroi, atteignant principalement les aliments, se trouve assis en fait sur les besoins de première nécessité, et non d'après la faculté des citoyens. Il y a, à cet égard, une violation complète des principes les moins contestés de l'Économie politique.

La viande, le vin sont des aliments absolument indispensables à nos jours, et à moins d'être un « teetotaller », un abstinent farouche, il ne viendra à l'idée de personne, sans y être contraint par la misère, de

(1) *Journal officiel*. Documents parlementaires. Chambre. Session ordinaire, 1892, p. 817.

(2) Congrès de la Propriété bâtie de France, 1894. Section III. Rapport de M. Pey, p. 11.

faire de l'eau sa boisson ordinaire. Les besoins et les nécessités de la vie changent suivant les latitudes, et sans vouloir préconiser pour cela l'usage des boissons alcooliques, notre climat, quoique tempéré, exige néanmoins celui de certains réconfortants.

D'ailleurs, et à l'appui de ce qui précède, il est intéressant de voir comment se composent les recettes d'octroi d'après les dernières statistiques (1).

Les recettes brutes totales ont été, en 1898, de 319.685.573 francs, savoir :

Octroi des départements...	160.411.254
Paris	156.071.999
Octroi de banlieue (Seine).......	3.202.320
Total égal........	319.685.573

Au point de vue des catégories taxées, ces recettes ont été obtenues comme suit :

Boissons et liquides..............	138.028.847
Comestibles......................	87.949.510
Combustibles	41.071.941
Fourrages	17.772.249
Matériaux	29.395.655
Objets divers....................	4.725.965
Recettes accessoires (escortes, entrepôts)............................	741.606
Total égal........	319.685.573

Le principal chapitre est celui des boissons et liquides qui se décompose comme suit :

(1) *Annuaire statistique de la France*, p. 420.

Vins	76.628.115
Cidres	3.168.395
Alcools	32.935.671
Huiles non minérales	5.382.932
Bières	17.250.067
Autres liquides (limonades, vinaigres)	2.663.627
Total égal	138.028.847

D'après ce tableau il est évident que c'est le chapitre des boissons qui rapporte le plus, c'est-à-dire celui dont la consommation est la plus générale et dont fait surtout usage la partie de la population la moins fortunée. En résumé ce sont les petits budgets qui alimentent l'octroi. De plus, et ce qui constitue une aggravation, cet impôt est spécifique et non *ad valorem*.

Le morceau de viande de qualité inférieure passe comme le filet, la barrique de vin de Suresnes comme la barrique de Château-Yquem. Cette idée a été très judicieusement développée par M. Yves Guyot dans son rapport sur la suppression des octrois en 1888 (1).

Ici se présente l'objection suivante: mais pourquoi, sans supprimer l'octroi, ne propose-t-on pas d'établir une taxe *ad valorem?*

De cette façon l'octroi serait proportionnel (2).

(1) a) *Journal officiel*, Chambre. Documents parlementaires. Session extraordinaire, 1888, annexe 3362, p. 683.

b) *Journal officiel*. Chambre. Documents parlementaires. Session ordinaire, 1886, annexe 862. Exposé des motifs de la proposition de lois Yves Guyot p. 291.

c) *Journal officiel*. Chambre. Documents parlementaires, 1892. Session ordinaire, annexe 2056, p. 817.

(2) Desplanques, *Des Impositions municipales en vue de la suppression des octrois*, p. 22.

A notre tour, nous demanderons pourquoi les 1516 municipalités qui ont des octrois n'ont-elles pas essayé de graduer leurs taxes. Est-ce par simple indifférence ou par constatation d'une impossibilité.

Disons de suite que c'est en raison de ce dernier inconvénient que les choses sont restées dans le *statu quo* jusqu'à ce jour.

Cette question fut d'ailleurs étudiée en 1877 au Conseil municipal de Paris, et provoqua un rapport de M. Outin, dont les conclusions ont été résumées dans l'exposé des motifs de la proposition de loi Yves Guyot sur la suppression des droits d'octroi.

D'après l'enquête faite par le service de l'octroi de Paris, voici comment l'administration classait les diverses qualités de vins consommés dans la ville.

5 0/0	vins de luxe.
11 0/0	vins dits bourgeois.
84 0/0	vins ordinaires.

En augmentant pour la première catégorie la taxe de 20 fr., soit 100 0/0 puisque le droit fixe pour la ville et l'État représentait 19.50, et la seconde de 10 fr., soit 50 0/0 par hectolitre, on arrivait, suivant les calculs, à pouvoir disposer en faveur des vins ordinaires de 2,48 par hectolitre, moins de 2 centimes et demi par litre.

En voici la preuve. La moyenne des vins introduits étant de 3.801.734 hectolitres,

5 0/0 représentaient	190.086 fr.
11 0/0	418.200 —
Ensemble	608.286 —

Les surtaxes pour ces 608.286 hectolitres à raison de 20 et 10 francs auraient produit :

a = 20 francs sur 190.086 h............	3.801.720
b = 10 francs sur 418.200 h............	4.182.000
Total............	7.983.720

Divisant cette dernière somme par 3.210.484 hectolitres représentant les vins ordinaires (84 0/0 du total 3.801.734) on obtient 2,48 par hectolitre, soit 248 millièmes par litre.

En doublant les augmentations ci-dessus par hectolitre pour les vins de luxe et les vins bourgeois, le bénéfice brut ou le dégrèvement en faveur des vins ordinaires serait en chiffre rond de 5 centimes par litre. Mais il y aurait eu à prélever sur ce chiffre de 7.981.720 l'augmentation des dépenses nécessitées par la création de services supplémentaires indispensables.

C'est un résultat d'une faible importance pour les embarras considérables que l'adoption de ce système aurait pour effet de créer.

En effet, si on divise le chiffre de 3.801.734 hectolitres par 220, moyenne de la contenance des pièces, on constate en chiffres ronds qu'il rentre à Paris 1.720.000 pièces de vin par an, soit 144.000 par mois et 5.760 par jour.

Comment classer sérieusement ces 5.760 pièces? A l'aide de dégustateurs? Mais la confiance qu'ils inspirent est limitée et le Laboratoire municipal a avoué qu'il ne saurait reconnaître si un vin vaut 2.000 francs la barrique ou 40 francs.

Les vins arrivent troublés par le voyage. Il faudrait donc les faire reposer pendant dix ou quinze jours dans des magasins spéciaux. Quand on multiplie les entraves du commerce, on multiplie également, dans une proportion inverse, les charges du consommateur.

Le raisonnement qui est fait pour Paris pourrait s'appliquer aux autres Communes possédant un octroi.

Comme le dit M. Yves Guyot, certaines institutions ne sont susceptibles que d'une seule amélioration : leur suppression.

La taxation *ad valorem* est donc à abandonner en tant que taxe à l'entrée des villes.

Quoi qu'il en soit, et nous nous plaisons à le constater, nous devons dire que les partisans eux-mêmes de l'octroi sont assez embarrassés pour reconnaître le caractère de proportionnalité qui lui manque. Ainsi M. Arnous, l'un des plus fervents contradicteurs du projet Yves Guyot, s'exprimait ainsi lorsque la discussion de cette question eut lieu à la Chambre des députés : « La taxe la plus importante est celle qui concerne les boissons ; elle donne 58 millions, y compris l'alcool ; si elle est la plus importante de l'octroi de Paris, elle est aussi, je le reconnais, la plus critiquable, car il est malheureusement impossible de taxer les vins suivant leur valeur et le vin ordinaire paie aussi cher à l'entrée que le meilleur bordeaux ou le champagne le plus délicat ; or, tous les habitants de Paris consomment du vin et cette taxe revêt réellement à l'égard de chacun d'eux le caractère d'un véritable impôt de capitation (1).

(1) *Journal officiel*. Chambre. Débats parlementaires. Session

Et pour corriger ce qu'il y avait d'excessif dans l'effet produit, il donnait comme compensation la dispense de la contribution mobilière, dont bénéficient les familles de situation modeste occupant des logements dont les loyers sont inférieurs à 500 francs.

D'abord, cet argument perd de sa valeur, si on envisage que, sauf les deux grandes villes, Paris et Lyon (1), ou quelques autres centres très importants, la grosse majorité des Communes possédant un octroi sont dans l'incapacité de faire bénéficier de cette faveur une partie de leurs habitants. En sorte que des petits rentiers ou ceux qui considèrent le luxe d'une habitation confortable comme parfaitement inutile profitent d'une dispense dont les infortunés font les frais.

Et puis, à vrai dire, cette détaxe est-elle aussi importante qu'on le prétend ?

M. Lyonnais s'est chargé de nous démontrer le contraire dans la discussion sur le projet de la suppression des octrois à la Chambre des députés en 1889.

A ce point de vue, dit-il, il faut envisager froidement la situation d'une famille dans une ville assujettie à

ordinaire 1889, séance du 7 février, p. 348. C'était l'opinion de M. le préfet de la Seine devant la Commission d'enquête du Sénat en 1895.

(1) On sait en effet que la ville de Paris prélève chaque année sur les ressources de son octroi environ 4.600.000 francs pour acquitter la taxe personnelle de tous les contribuables inscrits au rôle sans exception et pour réduire la taxe mobilière des contribuables ayant un loyer inférieur à 1375 francs. Ce sacrifice, consenti par la caisse municipale destiné à alléger la part contributive des faibles loyers, est précisément prélevée, circonstance aggravante, sur le produit d'une taxe dont le poids se fait sentir aux contribuables peu aisés.

l'octroi; voir comment elle vit, ce qu'elle paie à l'octroi, et d'un autre côté quel est le chiffre de l'impôt mobilier dont elle est dégrevée.

M. Lyonnais (1) prend comme exemple le budget d'une famille composée de quatre personnes et vivant à Paris. Ce n'est pas la famille idéale, mais c'est la famille économique : le père, la mère, et deux enfants. Or, en prenant comme moyenne le prix de 5 fr. 64, qui est celui du salaire moyen à Paris, on trouve que cette famille dépense par an 2.058 fr. environ, sur lesquels sa nourriture figure pour 1.350 francs. Or chaque membre de cette famille aura payé sur sa consommation 62 fr. 21 de droits d'octroi.

En effet, ce chiffre ne doit pas paraître exagéré, si l'on envisage que plus on descend vers les familles qui n'ont que leur salaire pour vivre, plus on les trouve dans des conditions telles qu'au lieu de faire appel à la belle viande, aux beaux morceaux de filet, elles se contentent de charcuterie et autres aliments du même genre. C'est aux liquides que l'on recourt quand on n'a pas une alimentation suffisamment saine et abondante. Or l'alcool et le vin sont les deux objets les plus chers, parce que ce sont ceux dans lesquels on incorpore la plus grande quantité de droits d'octroi.

Dans ces conditions, on arrivera à faire consommer par les familles en condition sociologique normale, à Paris et dans les grandes villes, une somme sensiblement égale à celle mentionnée plus haut.

(1) *Journal officiel*. Débats parlementaires. Chambre. Séance du 9 février 1889, pp. 365 et suivantes.

Cette charge moyenne n'a d'ailleurs fait qu'augmenter. Le tableau ci-dessous le démontre péremptoirement, du moins pour la ville de Paris, pour laquelle la statistique nous fournit les renseignements suivants.

Dans l'espace d'un siècle, la part contributive de chaque habitant a triplé (1) :

En 1801 cette charge moyenne était de	20 fr.	par tête.
En 1835	32.90	—
En 1859	46.09	—
En 1876	62.47	—
En 1881	65.50	—
En 1890	61.82	—
En 1899	62.21	—

Depuis trente ans, la part contributive dans les départements s'est, à peu de chose près, maintenue dans les mêmes limites ; elle a oscillé autour du chiffre de 22 pour 100.

Si donc nous multiplions cette part contributive personnelle par le nombre de personnes dont nous avons tout à l'heure composé notre famille, nous arrivons à constater qu'un ménage parisien de quatre personnes paie à l'octroi, par année, la somme relativement énorme de 248,84. Or, sur l'ensemble du budget de cette famille la proportion pour cent donne un coefficient de 13,12.

Or, si on prend la même base 13,12, qui est déjà exorbitante, on arrive au chiffre de 65 fr., en l'appliquant à un loyer de 500 fr. Et encore faut-il remarquer que cette somme doit être reportée sur quatre personnes.

(1) Gaston Cadoux, *les Finances de la Ville de Paris*, de 1798 à 1900, p. 357.

Nous ne voyons pas alors quel est le bénéfice de l'exonération, mais ce que l'on observe très bien, c'est que la détaxe de la contribution mobilière est loin d'être proportionnelle.

Si, au contraire, nous prenons une famille de quatre personnes ayant 6.000 fr. de rente, on s'aperçoit que celle-ci ne paie à l'octroi que 176,95, c'est-à-dire 3 pour 100.

Avec une famille qui a 10.000 fr. de rente, la proportion tombe à 1,77 pour 100 et pour celle qui a 100.000 fr. de rente elle n'est plus que de 0,17 pour 100.

Ainsi, plus la fortune augmente, plus la proportion au point de vue des droits d'octroi diminue.

Cependant, cet impôt est équitable, dit M. Tramuset, un défenseur de l'octroi (1), parce qu'il frappe tous les consommateurs d'une ville, mais il ne les frappe qu'en raison de leurs ressources, c'est-à-dire de leurs dépenses, puisque c'est un impôt de consommation.

Le raisonnement n'est peut-être pas très solide; car les ressources et les dépenses d'un contribuable sont choses absolument distinctes et qui n'ont souvent qu'une corrélation fort éloignée.

Les défenseurs de l'octroi disent encore (2) qu'il n'est pas exact de soutenir qu'il est injuste; qu'il frappe également et injustement d'une taxe égale les familles où le nécessaire est tout et les famllles dont le nécessaire ne représente que le dixième de la dépense.

(1) Tramuset, *la Réforme de l'octroi et de l'impôt des boissons*, p. 44.
(2) Tramuset, *op. cit.*, p. 39.

Et à l'appui ils font remarquer que, dans les familles réduites au nécessaire, la taxe est également réduite à la consommation personnelle des membres de cette famille ; tandis que, dans la famille riche ou aisée, la taxe frappe directement sur la consommation personnelle de la famille, puis sur la consommation des domestiques et autres personnes nourries et entretenues par elle, de sorte que si elle paye la même taxe que l'ouvrier, par exemple, elle paie autant de fois cette taxe qu'elle a de personnes étrangères à sa charge. La proportionnalité se retrouve et l'octroi entre pour une plus forte part dans la dépense de la famille riche que dans celle du ménage pauvre.

Cette argumentation a été souvent employée, et, en effet, elle paraît assez déterminante ; seulement il faut voir ce qu'elle vaut dans les faits. A Lyon (1), où la population est d'environ 430.000 habitants, on a recensé 19.103 domestiques en 1896, ce qui représente 4 1/2 p. 100 environ de la population totale. A Paris, d'après les renseignements fournis également en 1896 (2), le nombre des personnes à gage s'est élevé à 133.581, ce qui donne, comparativement à une population de 2.500.000 habitants, une proportion de 5 1/2 p. 100. Il est peu probable que la moyenne soit supérieure pour les autres grandes villes. On avouera que le raisonnement qui précède, si logique qu'il paraisse, porte à côté, dans l'espèce.

(1) Congrès de la propriété bâtie, 1894, rapport Pey, p. 15.
(2) *Annuaire statistique de la Ville de Paris*, p. 258.

D'ailleurs ce caractère improportionnel n'existe pas seulement pour les vins et les alcools.

Si l'on prend comme exemple la taxe sur les matériaux, c'est l'entrepreneur, c'est-à-dire l'industriel, l'homme qui travaille; qui commence par faire l'avance de cet impôt, puis il le reporte sur le propriétaire avec un escompte, et à son tour le propriétaire le répercute avec un nouvel escompte sur le locataire. C'est celui-ci qui, en dernier ressort, finit par le payer, mais surchargé de deux escomptes. En définitive, c'est l'élément actif, l'homme d'industrie, qui a dû commencer par faire le déboursé.

Pour les fourrages, on sait très bien que le cheval de luxe n'est que l'exception. C'est le cheval de travail qui supporte la plus grande partie des droits d'octroi sur cette catégorie.

Si nous passons aux combustibles, nous constatons que la faculté d'entrepôt a été accordée aux grandes industries (1). A Paris, ce privilège est donné aux industriels qui consomment plus de 50 tonnes de houille, mais un petit serrurier et même un assez gros serrurier (car 50 tonnes de houille, c'est quelque chose), qui ne consomme pas cette quantité, acquitte un droit de 7 francs 20 par tonne. C'est presque le prix de la houille prise sur le carreau de la mine (2).

(1) Les abonnés aux combustibles, en vertu du décret du 10 janvier 1873, obtiennent de ne payer qu'un franc par tonne.

(2) A la différence des abonnés et des entrepositaires qui paient le droit de 1 franc par tonne sur les houilles, les usines à gaz n'acquittent aucun droit d'entrée. Mais en revanche la Compagnie parisienne d'éclairage et de chauffage par le Gaz paie une redevance de 2 cen-

On voit de quel impôt écrasant l'octroi surcharge les combustibles, et dans cette catégorie sont compris tous les produits servant au chauffage et à l'éclairage, les huiles minérales et autres.

Viennent enfin les comestibles. Les partisans de l'octroi veulent bien reconnaître que le morceau de viande de basse qualité paye comme celui qui est de qualité supérieure. On a reconnu qu'il était absolument impossible qu'il en fût autrement. C'est vrai, disent-ils, mais il 'y a la volaille et le gibier, qui sont des denrées de luxe et qui acquittent un droit supérieur à celui frappant la viande de boucherie. Il en résulte donc une compensation. Mais si nous interrogeons la statistique, nous nous apercevons qu'à Paris la viande produit 17 millions, et la volaille et le gibier 7 millions. Il existe donc une différence assez grande entre ces deux produits. Et encore, dans cette volaille et dans ce gibier, sont comptés les lapins domestiques qui ne sont pas considérés généralement comme une denrée de luxe.

On peut aisément se rendre compte, d'après les développements qui précèdent, que l'octroi est loin de posséder toute la proportionnalité désirable.

Mais nous avons raisonné en nous servant du seul tarif de la Ville de Paris. Si nous examinons ceux de Lyon, de Marseille, du Hâvre, ou des autres centres possédant un octroi, nous apercevons une différence

times par mètre cube de gaz consommé à Paris et, de plus, en vertu de l'art. 6 du traité du 7 février 1870, elle partage avec la Ville de Paris, après déduction des prélèvements, la moitié des bénéfices nets qu'elle réalise.

énorme entre les taux de l'impôt. Telle ville applique une taxe à tel objet, telle autre ne l'applique pas. Sur la même boisson la taxe variera à trois kilomètres de distance d'une différence de 5 francs. Ainsi, dans le département de la Seine, ou toutes les Communes ayant un octroi se touchent (et elles sont au nombre de 45 sur 76), on trouve à 10 mètres de distance des tarifs absolument différents. Une seule rue fait quelquefois la démarcation. Nous pourrions citer en ce sens Aubervilliers et Pantin, Asnières et Bois-Colombes, Neuilly et Levallois, en somme toutes les villes qui forment la ceinture extérieure de Paris. La contradiction dans l'interprétation de l'assiette de l'impôt est quelquefois choquante. De telle façon que, par le jeu régulier, forcé, inéluctable des tarifs variés de l'octroi, les conditions de vie des individus dans les villes très rapprochées les unes des autres se trouvent absolument différentes, selon que les conseils municipaux des villes ont plus ou moins besoin, en se servant de l'octroi, de faire appel aux facultés contributives des habitants.

Résumons-nous.— Tous ceux qui ont étudié la question des octrois ont reconnu que c'est un impôt progressif à rebours, puisqu'il demande à chacun une part d'impôt d'autant plus considérable que ses ressources sont plus minimes.

M. Leroy-Beaulieu fait cette critique, que nous croyons devoir reproduire (1) : « Cet impôt, dit-il, est « fâcheux en lui-même, puisqu'il est une entrave à la

(1) Leroy-Beaulieu, *Traité de la science des finances*, t. Ier, p. 728.

« circulation, à l'échange des produits. Il y a une part « d'abus et de maux irréductibles qui lui est attachée et « que l'on ne peut espérer faire disparaître. Il est dans « une certaine mesure improportionnel. »

Lorsque la Belgique s'est débarrassée de cette entrave et que l'on discutait à la Chambre le projet de M. Frère-Orban, relatif à l'abolition des octrois, M. de Mazet, membre éminent de la Chambre des représentants, faisait ressortir en ces termes le défaut capital de cet impôt : « Il y a des personnes, dit-il, que vous n'oseriez « pas faire comparaître devant les agents du fisc, et « cependant, au moyen de cet impôt de consommation, « vous parvenez à leur arracher le denier du contri-« buable. »

CHAPITRE II

INCONVÉNIENTS DES OCTROIS

§ 1er. — *Caractère onéreux des frais de perception.*

Les octrois ne sont pas seulement attaquables au point de vue de leur injuste proportionnalité, mais il est permis aussi de les critiquer au point de vue de leur perception et des frais considérables qu'ils entraînent.

Aucun autre impôt ne coûte aussi cher à percevoir. Dans son Cours d'économie politique, Adam Smith dit : « Tout impôt doit être conçu de manière à ce qu'il fasse sortir des mains du peuple le moins d'argent possible au delà de ce qui entre dans le trésor de l'État. » Ce principe est incontestable, car l'impôt est une charge établie sur les particuliers pour l'utilité commune. Tout ce qui n'est pas employé à satisfaire les besoins publics est une force perdue pour la production générale. Or, l'octroi est contraire à ce principe essentiel, et de ce fait encore il doit être condamné (1). Il est difficile d'établir exactement et en détail les frais de perception de l'octroi. On

(1) Despianques, *Des impositions municipales en vue de la suppression des Octrois*, pp. 26 et suivantes ; — Deloynes, *les Octrois et les budgets municipaux*, p. 61.

ne peut raisonner que sur des généralités. Ce qui est prouvé, c'est que ces frais sont toujours en raison inverse du produit brut de l'impôt.

M. Guillemet, dans son très documenté rapport sur la suppression des octrois, a donné une évaluation de ces frais exorbitants (1) qui avaient été signalés déjà par M. Yves Guyot.

D'après les renseignements recueillis, 54 Communes paient plus de 30 pour cent la perception de leurs recettes d'octroi.

24	plus de	30 à 25 pour cent.
77	—	25 à 20 —
250	—	20 à 15 —
400	—	15 à 11 —
367	—	10 pour cent et au-dessous.

Tout commerçant qui, pour opérer ses rentrées dépenserait autant, ferait à coup sûr de mauvaises affaires.

De son côté M. Yves Guyot, d'après les notes statistiques du ministère de l'Intérieur, répartit les frais de perception de la manière suivante (2) :

Produit de l'octroi	Nombre des Communes	Taux moyen des frais de perception
1re catégorie : plus de 100.000	217	14,08 0/0
2e catégorie : de 100.000 à 25.000	234	15,14 0/0
3e catégorie : de 25.000 à 5.000	276	14,23 0/0
4e catégorie : de 5.000 à 1.500	205	13,26 0/0
5e catégorie : au-dessous de 1.500	190	12,46 0/0

De plus, selon une pratique empruntée à l'ancien ré-

(1) *Journal officiel*. Chambre. Documents parlementaires. Session ordinaire, 1892, annexe 2056, p. 819.

(2) *Journal officiel*. Chambre. Documents parlementaires. Session extraordinaire, 1888, annexe 3362, p. 683.

gime, il y a en outre 417 octrois en ferme et généralement situés dans le midi. Ces octrois sont l'objet d'un forfait entre un entrepreneur et la municipalité (1).

Les octrois affermés ont rapporté aux Communes 4.429.000 fr. ; mais, dit le rapport, il est difficile de déterminer le montant exact des recettes effectuées.

En effet, les fermiers dissimulent autant que possible leurs perceptions afin de déprécier l'octroi et d'obtenir ainsi des renouvellements de baux à des conditions plus favorables.

Pour confirmer cette assertion, il suffit de quelques exemples (2).

a) Le fermier de l'octroi de Limoux (Aude), qui verse à la Commune une somme de 62.210 fr., déclare pour 1886 une recette de 67.605 et il évalue à 10.900 francs les frais de perception. La dépense serait donc de 73.110 fr. et dépasserait de 5.505 fr. les encaisse-

(1) D'après le règlement du 17 mai 1809, les Communes ont à leur disposition, pour l'exploitation de leurs octrois, les trois modes suivants : la régie simple, la régie intéressée, la ferme.

Article 102. — La régie simple est la perception de l'octroi sous l'administration immédiate des maires.

Article 104. — La régie intéressée consiste à traiter avec un régisseur à la condition d'un prix fixé et d'une portion déterminée dans les produits excédant le prix principal et la somme abonnée pour les frais.

Article 108. — La ferme est l'adjudication pure et simple des produits d'un octroi moyennant un prix convenu sans partage de bénéfices et sans allocation de frais. — Vuatrin et Batbie, *Lois administratives françaises*, pp. 170 et 171.

(2) Ministère de l'Intérieur, *Note statistique sur la situation financière des octrois*, *J. O.* Débats parlementaires. Chambre. Séance du 26 février 1889, p. 444.

ments déclarés. Ajoute-t-il cette somme de sa poche ? C'est peu croyable.

b) L'octroi de Panges (Hérault) est affermé au prix de 27.000 fr.

Les frais de perception représentent 2.444 francs, soit

pour le fermier une dépense de..........	30.053 fr.
or il déclare une recette de..............	29.444 fr.
Il serait donc en perte de..........	609 fr.

c) L'octroi de Graulhet (Tarn) est de 48.630 fr. et les frais de perception se seraient montés à 4.715 francs. Le fermier aurait donc dépensé 54.345 fr., et comme les perceptions n'auraient pas excédé 48.169 fr., l'exploitation de l'octroi présenterait donc un déficit de 6.176 francs.

d) Pour les grands octrois affermés, c'est en partie la même chose. Voici comment, notamment, le compte de l'octroi du Puy est établi :

Prix du bail............................	230.000 fr.
Frais de perception....................	43.106 fr.
D'où une dépense de.........	273.106 fr.

contre une recette de 279.236 fr., soit un excédent seulement de 6.130 francs. C'est, comme on le voit, une affaire désastreuse puisqu'elle ne donne que 2,2 p. 100 des capitaux engagés. Il est impossible qu'il y ait des généreux citoyens qui, par pur amour du bien public, consentent à devenir fermiers de l'octroi pour avoir l'ineffable bonheur de contribuer de leur bourse aux finances municipales. Il serait facile de multiplier ces exemples, car la manœuvre à laquelle nous faisons allusion est d'un usage constant.

A la vérité, les fermiers sont soumis au double contrôle des agents des contributions indirectes et de l'autorité municipale. Ils sont tenus d'avoir des registres à souche cotés et paraphés par le maire, d'y inscrire jour par jour toutes leurs opérations, de délivrer quittance... Mais toutes ces sages précautions sont, en fait, purement illusoires : il est avéré que le fermier n'inscrit pas la totalité des recettes qu'il encaisse et qu'il arrive à tromper la vigilance des inspecteurs par des procédés bien connus des agents de contrôle et contre lesquels il ne semble pas y avoir de remède efficace.

Au surplus, il est à craindre que, dans les petits octrois en ferme, dont la surveillance est difficile, le fermier ne cherche à conquérir une complète liberté d'action, au prix de quelques exonérations habilement consenties et parfois acceptées. Telle est l'appréciation de M. Guillemet. On s'aperçoit que le langage officiel dissimule sous ses euphémismes habituels une grave accusation. Les fermiers de l'octroi ne sont pas incorruptibles. Quelques conseils municipaux l'ont déclaré bien haut et d'ailleurs il y a des adjudications qui ont fait scandale, une entre autres à Rivesalte, dans les Pyrénées-Orientales, donna lieu à deux reprises, en 1885, à une protestation du conseil municipal (1).

Disons de suite que le législateur s'est préoccupé de cette question et a essayé de faire disparaître ce mode

(1) Chauveau, *Traité des impôts et des réformes à introduire*, p. 338.

de perception, qui est pratiqué, surtout dans le midi, par près de 400 villes et dont le produit des adjudications atteint le chiffre de 4.343.013 fr. (1).

Si l'établissement des taxes locales de consommation peut se justifier lorsqu'il est démontré que les Communes ne sont pas en mesure d'équilibrer leurs budgets autrement qu'en recourant à l'octroi, les taxes qu'on impose ainsi aux habitants doivent être du moins limitées strictement aux besoins dûment constatés. Or, il est à peine nécessaire de faire remarquer que le mode d'administration de la ferme viole manifestement ce principe ; puisque, en plus du prix du bail, les habitants sont taxés de façon à produire une somme supérieure permettant au fermier de couvrir les frais d'exploitation et de réaliser un bénéfice.

Le seul remède qui paraisse pouvoir être apporté à ces abus, dit M. Bardoux, c'est la suppression du régime qui les engendre. Votée par le Sénat, cette disposition ne put rentrer dans la loi de 1897, et à l'heure actuelle ce système condamné existe encore.

Quoi qu'il en soit, il est curieux de constater que les variations dans les frais de perception sont très sensibles, même dans des villes où la recette est à peu près correspondante. Mais, de plus, on est assuré de les trouver inversement proportionnels aux produits de l'octroi (2).

(1) *Journal officiel*. Sénat. Documents parlementaires, 1894, p. 241.
(2) *Journal officiel*. Chambre. Documents parlementaires, 1892, pp. 854 et suivantes.

Pour se convaincre de cette vérité, il suffit de prendre quelques chiffres (1).

	Produit de l'octroi.	Frais du personnel.	Taux pour cent.
	—	—	—
Versailles .	1.120.162	137.442	19.3
Bordeaux .	5.361.182	665.671	14.8
Nantes....	2.339.398	286.175	14
Rouen....	3.909.650	460.220	13
Dijon.....	860.812	93.850	12.6
Lyon.....	10.125.892	773.745	8.5
Lille......	4.101.774	294.972	7.2
Paris.....	156.071.999	10.696.482	6.95

En consultant ce tableau on peut répondre victorieusament à M. Arnoux (2), qui prétendait que la perception des impôts indirects est plus facile que celle des impôts directs. D'après lui le taux des frais de perception, en ce qui concerne ces derniers, est de 2 ou 3 pour 1000; et pour les octrois la moyenne descend à 8,73 pour 100, grâce au coût peu élevé de l'octroi de Paris et de son énorme proportion dans la totalité du produit pour la France entière. Il nous semble qu'il y a là une différence sensible, qui prouve que la rentrée des contributions indirectes est autrement difficile que la perception des directes. Cette perte faite par le contribuable nous porte à considérer dans cette ressource une véritable anomalie qui fait tache dans notre organisation fiscale.

(1) *Annuaire statistique de la Ville de Paris*, 1897, pp. 242 et suivantes.

(2) *Journal officiel*. Chambre. Débats parlementaires, 1889, séance du 9 février, pp. 355 et suivantes.

D'ailleurs, de la recette brute, il faut non seulement déduire les frais de perception comprenant le matériel et le personnel, mais il faut tenir compte des frais de casernement.

§ 2. — *Frais de casernement.*

C'est un argument souvent opposé à la réforme des octrois, et créé particulièrement par les villes dans lesquelles stationnent des régiments. Nous avons une garnison, dit-on, elle paie l'octroi. C'est une ressource pour la ville ; si on supprime cette forme de l'impôt, les recettes que nous possédons de ce chef vont disparaître.

Les personnes qui formulent cette objection oublient l'article 46 de la loi du 15 mai 1818 et l'article 1er de l'ordonnance du 5 août de la même année.

L'article 46 porte, en effet, en ses dispositions : « Dans aucun cas et sous aucun prétexte il ne pourra « être fait au profit du Trésor aucun prélèvement sur « les centimes ordinaires, extraordinaires ou facultatifs des Communes ni sur les autres revenus à l'exception des dépenses du casernement et des lits militaires qui ne pourront, dans aucun cas, s'élever, pour « chaque année, au-dessus de sept francs par homme « et trois francs par cheval pendant la durée de l'occupation. »

De son côté, l'ordonnance royale du 5 août 1818 porte dans son article 1er : « Dans les villes qui perçoivent des octrois, les fonds nécessaires au paiement

« de l'abonnement stipulé par l'article 46 de la loi du « 15 mai 1818 pour le casernement et l'occupation des « lits militaires seront compris chaque année au bud- « get des Communes sur le pied des fonds alloués pour « cet objet dans le budget de l'exercice précédent. »

L'intention du législateur, d'après la circulaire ministérielle du 7 septembre 1836 (1), en prescrivant ce prélèvement, a été non pas de créer à l'État un revenu aux dépens des villes, mais simplement de lui procurer le juste remboursement du surcroît de dépenses que lui occasionnent pour la consommation des troupes les droits d'octroi perçus par les Communes où ces troupes sont casernées. Et pour que l'exécution de la loi ne contrarie pas cette intention, la circulaire exposait que le maximum de 7 francs par homme et 3 francs par cheval ne devait pas être absolu, car, dans beaucoup de cas, la somme qu'il aurait produite aurait dépassé le montant réel des bénéfices que les droits sur les objets consommés par les troupes avaient fait rentrer dans la caisse municipale. L'abonnement a précisément pour objet, sinon pour résultat, d'atteindre plus exactement la somme réelle que l'État a légitimement le droit de reprendre dans la caisse de la Commune.

Il en résulte donc que les villes doivent restituer et restituent à l'État une partie plus ou moins grande des perceptions qu'elles ont effectuées sur les objets introduits pour la consommation des troupes.

Les villes, de ce fait, déduisent cette somme du pro-

(1) Bulletin du ministère de l'Intérieur, 1836.

duit de leur octroi, exactement comme elles doivent en déduire les frais de perception.

D'après le rapport Guillemet, voici la quotité pour cent des frais de casernement par rapport au produit brut de l'octroi entre les 287 villes de garnison (1):

20 0/0 et au-dessus	3	communes.
19 à 15 0/0	1	—
14 à 12 0/0	6	—
11 à 10 0/0	9	—
9 à 7 0/0	20	—
6 à 4 0/0	49	—
3 à 2 0/0	69	—
1 0/0 et au-dessous	130	—
Total	287	communes.

Dans les dix Communes suivantes, les frais de casernement dépassent 11 0/0 du produit de l'octroi.

		Produit de l'octroi	Frais de casernement	%
Montlouis	Pyrénées-Orientales	960	480	50,9
Auxonne	Côte-d'Or	63.258	17.478	27,6
Belley	Ain	35.310	6.739	19
Cosne	Nièvre	43.862	7.152	16,3
Sospel	Alpes-Maritimes	1.821	269	14,7
Ancenis	Loire-Inférieure	32.127	4.481	14,3
Givet	Ardennes	69.672	9.676	13,8
Villefranche	Alpes-Maritimes	31.680	4.082	12,8
Briançon	Hautes-Alpes	50.251	6.264	12,4
Condé	Nord	51.590	6.126	12

Si maintenant on additionne les frais de casernement aux frais de perception, on trouve pour les 287 villes de garnison la proportion ci-dessous :

(1) *Journal officiel*. Chambre. Documents parlementaires. Session ordinaire, 1892, p. 820.

50 0/0 et au-dessus................	2	Communes.
49 à 31 0/0.......................	5	—
30 à 26 0/0.......................	9	—
25 à 20 0/0.......................	48	—
19 à 15 0/0.......................	97	—
15 0/0 et au-dessous...............	126	—
Total..........	287	Communes.

Malgré l'atténuation que les abonnements peuvent apporter dans l'importance des frais de casernement au point de vue des finances communales, il est juste de considérer que l'existence d'une garnison n'est pas tout bénéfice pour une ville et que les ressources de l'octroi en sont d'autant diminuées.

Ce qui, par déduction, nous porte à conclure que cette taxe est très onéreuse à percevoir.

CHAPITRE III

§ 1er. — *Vexations de l'octroi.*

Il serait presque inutile de s'étendre sur la critique que l'on adresse aux octrois au point de vue des vexations qu'ils comportent. Chacun sait combien ce régime est inquisitorial et en a pu faire par soi-même la triste expérience. Tout le monde est sujet à vérification, à inspection souvent blessante, toujours désagréable. Il nécessite des formalités interminables et des retards très onéreux pour les personnes, le commerce et l'industrie. Il entrave la circulation, le service des chemins de fer, soit dans les gares de marchandises, soit à l'arrivée des trains de voyageurs pour la vérification des bagages.

Le stationnement prolongé aux bureaux d'octroi de ces longues files de voitures, chargées de denrées, de matériaux, en un mot de produits assujettis ou non, mais qui tous doivent être vérifiés, provoque une perte de temps sans profit pour personne et au grand détriment de la fortune publique. Sans doute, comme l'a dit humoristiquement un éminent économiste (1), ces vexa-

(1) M. Stourm, société d'économie sociale, séance du 12 mars 894.

tions ne sont que passagères; elles laissent peu de traces une fois subies, elles n'entament guère que le caractère. Dès lors, on peut leur opposer le remède dont les Français ont toujours leurs poches remplies : la bonne humeur.

Mais les vexations de l'octroi ne se produisent pas seulement aux entrées dans les villes; il y a mieux. Voici l'article 14 du règlement de la ville de Lyon. Des dispositions analogues existent d'ailleurs dans tous les règlements d'octroi de France (1).

« Toute personne qui récolte, prépare ou fabrique « dans l'intérieur du rayon de l'octroi des objets com- « pris au tarif est tenue, sous peine de confiscation des « objets récoltés, préparés ou fabriqués et d'une amende « de 100 à 200 francs, d'en faire la déclaration et d'ac- « quitter immédiatement les droits si elle ne réclame la « faculté de l'entrepôt. »

« Les préposés de l'octroi reconnaîtront à domicile les qualités récoltées, préparées ou fabriquées et feront toutes les vérifications nécessaires pour prévenir la fraude. » En un mot, les habitants des banlieues, des villes par exemple qui récoltent quelques kilos de raisin, qui font quelques coupes de fourrage, qui émondent leurs arbres; qui ont vaches, moutons et même lapins, qui extraient du sable ou du gravier de leurs propres terrains, pour tout autre usage que la confection et l'entretien de la voie publique, devront décla-

(1) Pey, *op. cit.* Cette prescription figure littéralement dans le règlement de la ville d'Aubervilliers (Seine), que nous avons sous les yeux et qui fait l'objet de l'article 9, § 3, du chapitre Ier : Perception sur les objets de l'intérieur.

rer les quantités, payer les droits et constituer un entrepôt.

Les partisans de l'octroi reconnaissent qu'au point de vue du fonctionnement des modifications s'imposent, mais le remède que quelques-uns proposent paraît pire que le mal.

Voici, par exemple, celui qu'indique M. Tramuset (1):

a) Les colis, malles ou valises qui transportent les voyageurs ou qui les accompagnent ne pourront être l'objet de vérifications aux entrées des villes assujetties, que d'après un ordre formel du chef de service ou d'un employé supérieur, et sous la responsabilité de celui qui l'aura donné. Les agents du cadre secondaire se borneraient simplement à recevoir les déclarations du public, qui, pour éviter toute erreur et toute contestation, devraient être faites par écrit sur des bulletins spéciaux fournis par l'administration de l'octroi. La perception sera faite immédiatement en garantie au moyen de passe-debout ou de bulletin de l'entrepôt d'après les indications inscrites par les intéressés.

b) Les déclarations applicables aux autres colis ou aux chargements d'objets passibles de l'impôt seront également faites par écrit, sur des bulletins à ce destinés; mais dans ce cas la vérification pourra en être faite par les préposés de tout grade, chaque fois qu'ils jugeront opportun de le faire.

L'innovation proposée est la déclaration écrite; elle nous paraît plutôt aggraver la situation que l'améliorer; car au lieu de hâter la sortie des voyageurs, elle

(1) Tramuset, *op. cit.*, p. 196.

provoquera des encombrements; les étrangers et les gens de la campagne seront souvent très embarrassés, ne connaissant pas la nomenclature des objets taxés. On entrerait dans une série de difficultés encore plus insurmontables, chacun devrait avoir dans sa poche un exemplaire du tarif type, et se prêter à un jeu d'écriture compliqué avant de transcrire sa déclaration. Les pertes de temps seraient encore plus grande qu'actuellement.

Il y a aussi la question des Entrepôts qui revêt une allure souvent vexatoire et dont nous avions déjà dit un mot lorsque nous avons examiné l'octroi au point de vue de la proportionnalité.

Ainsi pour bénéficier de l'Entrepôt, c'est-à-dire pour introduire des marchandises en suspension des droits, il faut opérer sur des quantités importantes ce qui ne permet pas à la petite industrie de concurrencer la grande.

Ces petites vexations excitent les contribuables à s'insurger contre ce mode de perception qui est lui-même une injure (1).

L'employé vous demande: Avez-vous quelque chose à déclarer? Rien. Ouvrez votre sac. Et alors commence cette visite inquisitoriale qui ne respecte rien.

La morale professionnelle de l'employé d'octroi est de supposer que toute personne qui passe devant lui est un fraudeur. S'il n'honorait pas de ce soupçon chacun de ses concitoyens, il manquerait à son devoir, et la

(1) Desplanques, *op. cit.*, p. 70.

perception de l'octroi deviendrait illusoire. Ce zèle l'emporte jusqu'à employer des procédés que nous trouvons odieux dans l'ancien régime sans nous apercevoir qu'ils existent encore à notre époque.

M. Yves Guyot dans son rapport cite à ce sujet le fait suivant (1); le 20 avril 1886 à Pantin (Seine), des employés de l'octroi se sont jetés la nuit sur une voiture; ils n'avaient pas d'uniforme, les voyageurs ont cru a une attaque nocturne ; des coups de revolver ont été échangés, des personnes blessées, un employé tué.

Ce fait constitue un drame qui peut se produire, qui se produit quelquefois avec des variantes ; mais heureusement il est exceptionnel. La loi fait de chaque employé d'octroi un petit tyran, elle lui donne un pouvoir discrétionnaire. Il peut exiger qu'on décharge une charrette de fourrage, qu'on ouvre toutes les caisses, qu'on mette par terre tous les meubles que contient une voiture de déménagement.

On n'est jamais certain de ne pas passer en police correctionnelle chaque fois qu'on rentre dans une ville à octroi des objets soumis aux droits. Les mieux intentionnés peuvent s'y faire prendre.

Faut-il blâmer les employés? Non, certes. Ils font leur métier; il appliquent leurs règlements et si ceux-ci sont draconiens, ils n'en sont pas responsables. Pour stimuler leur zèle on les intéresse aux produits probables : c'est la participation aux bénéfices, là seule-

(1) *Journal officiel.* Documents parlementaires. Chambre, 1888. Session extraordinaire, annexe 3362, p. 684.

ment où nous ne voudrions pas la voir appliquer (1). L'administration de l'octroi est presque partout très loyale, très honnête, elle fait parfaitement son devoir; si elle opprime le contribuable, c'est que la nature même de l'octroi l'exige, et nous ne pouvons blâmer sa vigilance.

On croirait peut-être qu'avec une organisation semblable le fisc perçoit tout ce qu'il devrait percevoir. Pas du tout ; la fraude se fait sur une très grande échelle.

§ 2. — *Excitation à la fraude.*

Comme toutes les contributions indirectes, l'octroi donne une prime à la fraude et plus cette prime est forte, moins il y a d'âmes assez trempées pour y résister.

Combien d'hommes très honnêtes, très consciencieux ont été amenés par des circonstances exceptionnelles, pour ne pas perdre un temps souvent précieux, pour ne pas avoir leurs affaires bouleversées ou pour toute autre cause, à ne pas déclarer quelques objets imposables, placés dans leurs valises, leurs malles ou leurs voitures. Combien de commerçants pour éviter des retard très préjudiciables, pour pouvoir lutter contre les concurrents d'une ville moins imposée, pour éviter la ruine, car quelques centimes suffisent pour empêcher

(1) Vuatrin et Batbie, *op. cit.*, p. 880. Ordonnance du Roi du 9 décembre 1814, titre IX, article 84 : « Le produit des amendes et confiscations pour contravention aux règlements d'octroi, déduction faite des frais et prélèvements autorisés, sera attribué moitié aux employés de l'octroi pour être répartis d'après le mode qui sera arrêté, et moitié à la Commune. »

la lutte commerciale; combien, disons-nous, ont dû à leur corps défendant dissimuler des marchandises. A côté des négociants honnêtes, dans la même ville il y a d'ailleurs ceux qui se livrent sans scrupule à la fraude; le concurrent honnête se trouve dans cette alternative: ou d'attendre patiemment la ruine ou de frauder lui aussi; car s'il vend plus cher que son voisin il est évident qu'il perdra sa clientèle.

La fraude, condamnée par la morale, l'est aussi par l'Economie politique.

« L'Impôt, dit Adam Smith, doit être tel que le contribuable ne puisse l'éluder. »

C'est qu'en effet lorsque le fraudeur se soustrait à la taxe, il frustre le Trésor d'une somme qu'il est obligé de se procurer d'une autre manière et qui retombe sur le contribuable honnête. Or le vice inhérent aux octrois est d'appeler la fraude et elle est pratiquée indistinctement par toutes les classes de la société: l'ouvrier, le commissionnaire, le débitant, le commerçant, le petit bourgeois lui-même.

Bien plus, et en cela nous partageons l'opinion de M. Deloynes, qui mentionne le fait (1); dans les classes plus élevées on use de la considération dont on jouit pour se soustraire à l'acquittement de l'Impôt; on paie d'audace. Ce n'est pas une hypothèse de fantaisie, c'est un fait qui s'est souvent produit, et si nous compulsions les minutes des procès-verbaux des agents de l'administration ou celles des jugements émanés des tribunaux nous pourrions acquérir la triste certitude

(1) Deloynes, *op. cit.*, p. 67.

que la fraude a été quelquefois pratiquée par des conseillers municipaux et par des maires dans leur propre commune. Triste exemple qui ne peut avoir pour les populations que les plus déplorables résultats et qui leur enseigne à ne respecter ni la loi, ni les officiers publics chargés de la faire respecter.

Qui consentirait, en effet, à se soumettre à une loi violée par ceux-là même qui l'ont faite et ont reçu mission de la faire appliquer ?

La conséquence de cette pratique néfaste est que l'octroi tend naturellement à oblitérer le sens moral des fonctionnaires chargés de sa perception.

Sans parler des octrois en ferme, dont la surveillance est difficile, il est utile de constater ce qui se passe dans de trop nombreuses villes (1).

Réglementairement les octrois municipaux sont vérifiés tous les trois ans au moins, par un inspecteur des contributions indirectes. Or ces investigations ne sont le plus souvent qu'une formalité banale, un prétexte à congratulations réciproques, une dérivation agréable aux multiples occupations de l'Inspection. Les inspecteurs savent ce qu'il y a au fond de ce nid de guêpes qu'on appelle les octrois ; ils se gardent bien d'y engager même aussi doucement que possible, le bâton ferré de la loi. Une telle entreprise ne saurait que leur attirer de désagréables piqûres sous forme d'ennuis de toutes sortes, de conflits, de clabauderies, au bout desquels

(1) Voir sur ces détails un article de la *Revue administrative* du 7 novembre 1891.

leur position personnelle pourrait très bien être mise en péril.

Il n'est pas de position administrative plus délicate, plus difficile, plus instable que celle du préposé en chef de l'octroi, aux prises avec des municipalités changeantes, avec des ambitions locales d'autant plus âpres qu'elles s'exercent sur un plus petit terrain, avec des appétits qui demandent avant tout satisfaction, ces chefs de service sont bien vite placés dans cette alternative ou bien fermer les yeux et laisser libre cours à la fraude des entrepositaires, électeurs influents ou même conseillers municipaux, ou bien se renfermer strictement dans leurs obligations, ne pactiser avec personne et assurer fidèlement la rentrée de l'Impôt communal. Ceux-là rentrent dans une voie pénible, féconde en chutes de toutes sortes. Le martyrologe des préposés en chef serait long à écrire. Ceux qui sont parvenus à donner à leur service autonome une complète indépendance, ne sont pas aussi nombreux qu'on le pense. Le plus grand nombre, soit incompétence, soit pusillanimité ou bien alliance ouverte ou secrète avec les intérêts qu'ils ont mission de combattre, soit encore qu'ils obéissent à des instructions formelles, pratiquent assez volontiers la maxime du laisser-aller. Ainsi vont les choses le plus souvent dans les octrois des agglomérations moyennes, la régularité administrative ne se rencontrant que dans les octrois des grandes villes.

C'est pourquoi neuf fois sur dix la vérification sérieuse des octrois aboutit à des constatations stupéfiantes. Malheureusement ces constatations sont peu fréquentes pour des causes diverses dont nous avons énuméré quelques-unes.

Quoiqu'il en soit, l'Impôt communal n'est généralement pas sévèrement garanti et s'échappe par toutes sortes de fissures. C'est peut-être l'argument le plus solide qu'on pourrait invoquer contre l'Institution de l'octroi.

Loin de voir dans ces affirmations des idées paradoxales, un des défenseurs énergiques de l'Impôt communal actuel, M. Tramuset, ancien préposé en chef d'Épernay, s'accorde au contraire à dire qu'elles contiennent beaucoup de vrai (1).

Et pour faire disparaître cette mauvaise organisation il propose une mesure qui n'est rien moins que de la décentralisation : la nomination par l'État des préposés en chef. Partisan de la suppression des octrois, nous ne pouvons admettre cette solution ; nous voulons seulement constater la pression immorale qui se produit dans les petites villes, et elles sont nombreuses puisque si de 1516 octrois qui existent en France on déduit les 55 grandes villes comptant plus de 30.000 habitants, il reste 1461 octrois ou la population assujettie est de 7.320.925 contribuables, soit 5.000 en moyenne.

Néanmoins, pour parer à ces inconvénients, de nombreuses mesures ont été prises par l'Administration pour réprimer la fraude, et ces mesures n'ont pas toujours été conformes aux règles de la justice.

Ainsi la loi de 1816 (2) permet d'imposer tous les

(1) Tramuset, *op. cit.*, p. 195.
(2) Vuatrin et Batbie, *op. cit.* Loi du 28 avril 1816, article 147.

objets de consommation locale sans restriction. Cette loi abrogeait virtuellement une disposition précédente qui limitait l'octroi à la partie agglomérée des villes ; les habitations ou les dépendances rurales, distinctes du lieu principal,devaient en être affranchies.

Certaines villes, en vertu de la loi de 1816, ont étendu arbitrairement les limites de leurs octrois en y comprenant les exploitations rurales entièrement détachées des agglomérations urbaines. Cette mesure, prise en vue de prévenir la fraude, était une injustice qui a provoqué des réclamations légitimes. Il est évident que les habitants de ces exploitations ou dépendances des communes n'ayant aucun des avantages de la cité ne devaient pas être appelés à en supporter les charges.

Ces moyens ayant été jugés insuffisants, la législation a consacré une nouvelle injustice plus grave que la première. L'article 152 de la loi du 28 avril 1816 porte que : « Des perceptions pourront être établies dans les banlieues autour des grandes villes afin de restreindre la fraude, mais les recettes faites dans ces banlieues appartiendront toujours aux communes dont elles sont composées. »

Cet article porte la plus grave atteinte à l'indépendance des communes, car elles sont soumises à l'octroi sans leur consentement. Elles doivent bien être consultées, mais leur avis n'est pas obligatoire. C'est dans la Seine que cette situation devient le plus tangible par l'existence de l'octroi dit de Banlieue sur le mécanisme duquel il n'est pas inutile de donner quelques détails.

§ 3. — *L'octroi de Banlieue du département de la Seine.*

Il a pour but d'empêcher l'introduction de l'alcool en fraude dans ce département au moyen d'une taxe de 66,50 par hectolitre d'alcool pur contenu dans les eaux-de-vie, esprits et liqueurs, établie dans toutes les communes de la Seine considérées comme la banlieue de Paris, et ce par une ordonnance royale du 11 juin 1817 en conformité de l'article 152 de la loi du 28 avril 1816 précitée.

Cette taxe, d'après les considérants de l'ordonnance, a pour but de prévenir la fraude dans l'étendue du département et de procurer des ressources aux communes rurales. C'était ainsi à l'époque de sa création, un moyen de limiter autant que possible l'énorme consommation de spiritueux qui se faisait à la sortie de Paris uniquement pour éviter les droits d'entrée et d'octroi et de parer à l'amoindrissement des recettes qui en résultait pour les finances de la Ville.

L'administration de l'octroi de Paris a été chargée du service de la perception. Il lui est tenu compte sur le produit brut des recettes, et dans une limite maximum de 10 pour cent, d'une somme qui représente les frais à la charge des communes. Cette défalcation faite, le surplus revient à ces dernières. Il est fait du produit net deux parts égales : l'une qui est versée mois par mois en vertu d'arrêtés préfectoraux dans les caisses des communes du département en proportion de leur population respective; de l'autre moitié, aux termes de la loi du 30 décembre 1873 article 2, les deux tiers sont également répartis entre les Communes au prorata de la part attribuée à chacune d'elles dans les dépenses de police, par application de l'article 3 de la loi du 10 juin 1853 et sont spécialement affectés à ces dépenses. Le surplus, c'est-à-dire un sixième, forme un fonds de réserve et de prévoyance qui est employé dans les conditions énumérées à l'article 5 de l'ordonnance du 11 juin 1817.

Cet octroi de Banlieue rapporte plus de trois millions.

Plusieurs membres du Conseil général de la Seine ont réclamé en 1879 la modification de la législation de l'octroi de Banlieue, et notamment la suppression du fonds de réserve. Ils faisaient remarquer que, dans aucun autre département, il n'existe un fonds de réserve alimenté par les Communes qui soit mis à la disposition du préfet pour accorder des secours à certaines Communes pauvres, et que si, contrairement à notre droit public, il était admis que les fortes Communes dussent venir en aide aux petites, il n'y avait pas de raison pour affranchir la Ville de Paris de cette obligation. Cette exception montre que l'institution du fonds de réserve ne procède d'aucun principe, comme le prouve également l'emploi qui en est fait (1).

Cette sage observation des conseillers généraux du département de la Seine n'eut pas d'écho par ce fait très simple que le Conseil général est composé de 80 con-

(1) Procès-verbaux du Conseil général de la Seine, 1880.

seillers municipaux de Paris, membres de droit, qui à eux seuls forment une majorité écrasante, et des 21 conseillers suburbains. De plus, à cette époque, en 1879, les cantons n'étaient qu'au nombre de 8 et ce n'est que depuis 1896 qu'ils ont été portés au chiffre actuel.

Cette double barrière parisienne donne les bienfaits de l'octroi aux trente et une Communes qui n'ont pas jugé à propos de s'octroyer cet impôt, étant donné que, sur 77 Communes dont se compose le département de la Seine, 46 seulement possèdent ce genre de taxe municipale.

§ 4. — *Inefficacité des moyens employés pour détruire la fraude.*

Malgré ces mesures iniques, la fraude a continué de s'exercer et le législateur a toujours été impuissant à la réprimer. Le génie des fraudeurs a trouvé mille moyens de tromper les agents du fisc, c'est du reste dans l'intérieur même des villes que la fraude s'exerce avec le plus d'impunité, notamment par les détaillants qui altèrent en grand tous les produits et causent ainsi à la santé publique un dommage difficilement appréciable.

On a publié à maintes reprises l'énumération des sophistications dont se rendent coupables les épiciers, débitants de vin, et en général tous les marchands de denrées ou comestibles. Le laboratoire municipal de la Ville de Paris nous fait connaître périodiquement le résultat de ses analyses et l'on est effrayé des conséquences que peut avoir sur la santé publique l'usage des choses de première nécessité qu'on est obligé d'acheter chez ces commerçants malhonnêtes dont toute la fortune repose sur la fraude et qui volent à la fois et leurs clients et le fisc (1).

La fraude enlève aux villes des revenus incalculables. A Paris, à cause des droits élevés qu'il paie à l'entrée, c'est surtout le vin qui donne matière aux fraudes les plus nombreuses et les plus nuisibles à la santé publique. Nous ne parlerons pas des innommables liquides où le jus de la vigne est complètement étranger, boissons qui se fabriquent en grand depuis quelques années. Ceux-là n'ont payé à l'octroi que le droit sur l'alcool qui entre dans leur composition; nous parlons de celui qui vient du dehors.

Dans un rapport qui fut présenté au Corps législatif le 7 juin 1870, M. Tassin estimait déjà, à cette époque, à plus de 6 millions, le montant des droits dont le commerce privait chaque année la Ville de Paris par une seule opération frauduleuse sur la boisson que, par un euphémisme heureux, la loi qualifie d'hygiénique, probablement pour mieux faire ressortir la quantité de celles qui ne le sont pas.

En effet, nous voulons parler de celle qui consiste à additionner le vin d'alcool avant de l'introduire dans Paris, et à l'étendre d'eau ensuite (1) avant de le livrer

(1) Chauveau, *op. cit.*, p. 340.
Deloynes, *op. cit.*, p. 67.

(2) C'est ce qu'on appelle mouiller le vin, c'est-à-dire y ajouter de l'eau pour en doubler la quantité. On masque généralement cette fraude dont l'effet principal est d'enlever au vin sa spirituosité naturelle et, de plus, son bouquet, par une forte addition d'alcool de mauvaise qualité. Et comme l'alcool ainsi ajouté ne se combine pas avec les autres éléments du vin ainsi que cela a lieu pendant la fer-

à la consommation, sans compter les matières colorantes (1) plus ou moins malsaines qu'on fait entrer dans ces coupages.

Ce sont là des fraudes déplorables qui n'ont pas seulement pour effet d'empoisonner les consommateurs (2), mais qui en outre pervertissent le sens moral des populations, diminuent le respect qu'elles devraient avoir pour les prescriptions municipales et même pour les dispositions législatives qui tolèrent de semblables faits et se déclarent impuissantes à les empêcher.

Le législateur, qui doit se préoccuper des intérêts de l'hygiène et de la santé publique, ne doit-il pas combattre de semblables abus, et s'il ne peut les détruire par un autre moyen, ne doit-il pas supprimer l'impôt qui leur donne naissance?

mentation du liquide dans les cuves, ces éléments se décomposent dans l'estomac presque aussitôt après y avoir été introduits; la partie aqueuse est promptement absorbée et l'alcool devenu libre brûle celui qui n'a cru boire que du vin.

(1) Pour foncer la couleur des vins trop pâles, d'autant plus pâles naturellement qu'on les a plus abondamment mouillés, on se sert de liqueurs préparées avec du campêche, des betteraves, des mûres, des baies de sureau et de la fuschine. Lorsque ces matières colorantes sont employées, non plus à foncer les couleurs des vins, mais à remplacer le vin lui-même, par un effroyable mélange d'eau, de crème de trartre et d'esprit de grains de basse qualité, elles produisent de grands désordres dans l'économie. Et c'est la partie de la nation dont la santé est le seul capital qui ne vit que du produit de ses bras, qui est la première victime de ces sophistications qui seraient moins fréquentes si l'octroi n'existait pas.

(2) Ce ne sont pas seulement les liquides qu'on falsifie, si les uns fabriquent du vin sans raisins, et brassent de la bière sans un grain d'orge et sans un cône de houblon, d'autres font du beurre auquel le lait est absolument étranger et des confitures sans fruits. Certains même arrivent à la fabrication du lait artificiel avec de la cervelle de mouton et de la chaux.

M. Lyonnais, dans la discussion de la proposition de la loi Yves Guyot, a flétri ces dangereuses pratiques dans des termes tels que nous n'hésitons pas à les reproduire : « La mortalité considérable, dit-il, que l'on observe « chez les enfants dans les grandes villes provient, en « grande partie, de ces falsifications que ces taxes odieu- « ses de l'octroi rendent, je ne dirai pas nécessaires, « mais explicables pour les malheureux qui s'en ren- « dent coupables. Et par conséquent sous ce rapport-là « il est incontestable que la suppression des octrois « rendra des services incalculables aux masses ou- « vrières, à celles qui consomment, c'est-à-dire, en défi- « nitive, à tout le monde, car il n'y a pas que les ouvriers « qui soient exposés à consommer des objets frelatés, « vous aussi qui avez la fortune vous êtes dans le même « cas. Vous y êtes moins exposés, c'est possible, mais « vous y êtes exposés dans une certaine mesure (1). »

On répondra à ce qui précède que les produits, soupçonnés d'être falsifiés, peuvent être soumis aux bureaux municipaux d'hygiène pour être analysés et, le cas échéant, les vendeurs punis. C'est vrai en théorie, mais en fait il faut reconnaître qu'il n'existe pas partout des bureaux d'analyse et que d'autre part il n'est pas dans les mœurs de faire vérifier fréquemment les denrées alimentaires.

D'ailleurs, précisément en vue d'éviter les poursuites pour tromperie sur la qualité de la marchandise vendue, certains débitants affichent ce qui suit : « Tous les

(1) *Journal officiel*. Chambre des députés. Débats parlementaires. Session ordinaire, 1889, p. 365.

vins vendus ici sont additionnés d'eau. Toutes les liqueurs et spiritueux sont de fantaisies. » Ceci se passe de commentaires.

Ce n'est pas le seul préjudice que cause l'octroi à la santé des populations urbaines ; il leur est peut-être encore plus gravement nuisible en les enfermant dans une enceinte limitée et en s'opposant à leur expansion au dehors.

Pour les municipalités des grandes villes, le citadin est le serf de l'octroi et n'a le droit d'y échapper sous aucun prétexte. Toutes les questions sont ramenées à ce point de vue mesquin de l'octroi : si une ville fait campagne afin d'obtenir une caserne, un collège, une faculté, ce n'est pas pour ces établissements envisagés en eux-mêmes, c'est pour l'octroi (1). A l'heure actuelle, on permet au métropolitain de circuler dans Paris ; mais les vingt ans d'études qu'il a nécessitées avaient surtout pour but d'éliminer la question ; on s'est bien gardé d'ailleurs, dans le plan général de ce moyen de transport, de créer des lignes rayonnantes qui pourraient donner la fâcheuse inspiration aux Parisiens d'aller porter au loin leurs consommations et de se soustraire ainsi au tribut qu'ils doivent à l'octroi.

L'argument a été affirmé devant le conseil municipal par M. Alphand lui-même, l'ancien directeur des travaux de Paris. La raison invoquée a été la même pour les 22 lignes de pénétration des tramways de la banlieue promises par le conseil général depuis quinze ans, et dont

(1) Des Cilleuls, *Des taxes de remplacement de l'octroi*, p. 34.

l'avis favorable donné par le Conseil d'État n'est intervenu qu'en 1899, après plusieurs démarches personnelles auprès des pouvoirs publics des conseillers généraux de la banlieue parisienne.

Or, s'il est aujourd'hui un principe d'hygiène incontestable, c'est que, pour rendre les villes salubres il faut en étendre indéfiniment le périmètre et en diminuer la densité : nos anciens rois en avaient eu le pressentiment, et par de nombreux édits ils avaient essayé de « réprimer la manie qu'avaient les habitants de Paris de construire des maisons dans les faubourgs ce qui rendait la ville plus susceptible de mauvais air et augmentait la difficulté d'en pouvoir vider les immondices (1) ».

C'est surtout en Angleterre que ce principe d'hygiène est admirablement respecté. La population de Londres, par exemple, trop à l'étroit dans l'enceinte de la ville, s'extravase au dehors, et, grâce à des moyens de transports à la fois puissants et économiques, elle se répand dans la banlieue pour y chercher de l'air et de l'espace. On va le matin dans la Cité et l'on revient le soir par une sorte de grande marée qui a son flux et son reflux. C'est ainsi qu'une population de près de sept millions d'habitants vit dans des conditions d'hygiène infiniment supérieures à celles de la population de Paris. Londres s'est successivement annexé tous les villages de sa banlieue, sa densité est faible, chaque famille peut avoir sa maison avec de la place, de l'air. Mais Londres n'a pas

(1) Arrêt du Conseil d'État de 1637, cité par M. d'Avenel, dans ses *Etudes sur le prix des terrains et des loyers*.

d'octroi. Si Londres avait un octroi, la municipalité se serait certainement arrangée pour mettre bon ordre à cette expansion indiscrète et pour forcer les gens, au lieu de s'étaler en surface, à se superposer en hauteur, comme dans la capitale de la France.

L'œuvre des maisons ouvrières dans la banlieue n'est possible qu'avec des transports à très bas prix et puissamment organisés pour desservir les besoins de cette masse humaine. L'octroi, loin de se prêter à cette œuvre, l'entrave, non par malveillance, mais par incompatibilité de principes : ceci ne peut vivre avec cela.

CHAPITRE IV

INFLUENCE ÉCONOMIQUE DE L'OCTROI

Nous nous sommes attaché à démontrer que l'impôt des octrois est inique et contraire aux principes formulés par les économistes et à ceux de l'Assemblée Nationale de 1789 ; nous venons de voir également qu'au point de vue moral il peut être attaqué, il nous reste à prouver qu'il porte atteinte à la richesse publique, au commerce, à l'industrie ; et qu'il est aussi bien nuisible aux villes qu'à l'agriculture et aux campagnes.

a) *Au point de vue du développement de la richesse publique*

Il est unanimement reconnu que la facilité des transports favorise la circulation des produits, multiplie les échanges, augmente la richesse et le bien-être de tous (1). Pour arriver à ce résultat, des sommes considérables ont été dépensées pour creuser des canaux, construire des chemins de fer et des ponts. On a percé à grands frais des montagnes, jeté des viaducs, supprimé la distance par la vapeur et l'électricité dans le but de

(1) Chauveau, *op. cit.*, p. 326.

transporter plus vite et en plus grand nombre les marchandises de toutes sortes, les produits de toutes espèces. On a vaincu tous les obstacles naturels et par une sorte d'étrange anomalie on a laissé debout les barrières de l'octroi, obstacle artificiel qu'un changement de législation peut faire disparaître.

Il est évident que cet impôt a pour résultat d'entraver sur le territoire de la nation la circulation des choses et des personnes, de créer au milieu du pays des sortes d'îlots. La principale mission d'un Gouvernement est d'assurer la circulation entre tous les points du territoire, autrement comment établir la solidarité qui doit unir la nation du nord au midi, de l'est à l'ouest. Cet arrêt dans la circulation est produit par l'octroi. Ce sont des « nuisances », pour nous servir de l'expression de M. Yves Guyot (1), à l'union des diverses parties de la nation entre elles.

L'édit de 1664 a supprimé en vain les traites intérieures et Colbert, Turgot, la Constituante ont inutilement poursuivi l'unification du territoire. Les rares marchandises qui ont pu franchir librement notre frontière sont elles-mêmes entravées dans leur écoulement par les 1500 douanes intérieures créées autour des centres urbains.

S'il est absurde que l'habitant de Paris soit forcé de payer ce que le commerçant de Londres pourrait lui fournir à bon marché, n'est-il pas encore plus absurde que Paris et Versailles soient séparés par une série de

(1) *Journal officiel*. Documents parlementaires. Chambre. 1889. Session ordinaire, p. 274.

douanes; nous nous révoltons à l'idée des péages du moyen âge, mais ne doit-on pas s'insurger également contre une institution qui permet de créer entre la capitale du département de la Seine et celle de celui de Seine-et-Oise, six lignes de barrières qu'il est impossible de franchir? C'est surtout dans la banlieue parisienne que l'on peut se rendre compte de cette entrave à la circulation, alors que toute l'agglomération du département, dont la population est égale au dixième de celle de la France, est restreinte sur une superficie moins grande que celle d'un arrondissement ordinaire. Ces 47 Communes ne sont séparées que par une rue. On nous objectera, il est vrai, que la facilité du transit est assurée par l'existence des passe-debout, mais on ne dit pas que cette formalité est soumise à un droit de timbre de 0,10 centimes, dont la pluralité peut devenir quelquefois très onéreuse. Un commerçant voulant faire transporter une marchandise de Boulogne à Vincennes, sans traverser Paris, aurait à subir 9 fois la formalité du passe-debout et du timbre, car, entre le point de départ et le point d'arrivée, neuf Communes possèdent des octrois.

De plus, et par suite de ce fractionnement de l'unité nationale, les Communes sont invitées à se servir de la taxe mise à leur disposition comme d'un instrument de protection et ce, contre des produits même du pays (1).

Dans l'exposé des motifs de la loi qui a supprimé les octrois en Belgique, M. Frère-Orban avait constaté cette grave conséquence de ce système fiscal : « Une

(1) *Journal officiel*. Documents parlementaires. Chambre. Session ordinaire, 1889, p. 685.

« guerre intestine de tarifs, disait-il, existe entre nos « Communes ; car, dans la plupart des cas, de l'impossi- « bilité d'établir sur la même base la taxe à l'importa- « tion et à la fabrication résulte celle de produire exac- « tement ces deux taxes. » La jurisprudence du Conseil d'État prétend bien que l'octroi ne doit pas servir d'instrument de protection. Dans certaines villes, les tarifs paraissent combinés à ce point de vue ; ainsi, à Tourcoing, parce qu'il existe un fabricant de tôle galvanisée, le tarif d'octroi porte une perception de 2 francs par 100 kilos de cette matière. La théorie même de l'action est employée comme moyen de protection contre les produits du dehors.

Ainsi M. Lyon-Alemand, au conseil municipal de Paris, en parlant de l'octroi, disait : « Tous les ouvriers « des industries où le bois est travaillé réclament « cette protection à juste titre. » Et M. Lyon-Alemand se plaignait des usines de province et de l'étranger qui envoient des bois ouvrés. M. Patenne intervenait au nom des fabricants de galoches parisiens (1).

En effet l'octroi est prélevé sur le bois brut dont le travail comporte de 35 à 40 p. 100 de déchet. C'est une perte considérable qui donne un avantage à ceux qui peuvent ouvrer le bois non assujetti à l'octroi. De là des réclamations qui se traduisent par des affirmations protectionnistes comme la précédente.

D'ailleurs, avec le tarif de 1870 comportant la ca-

(1) *Bulletin municipal de la Ville de Paris*, séance du conseil du 31 octobre 1888.

(2) Deloynes, *op. cit.*, p. 71.

tégorie des objets divers, il est permis de tout taxer, C'est par application de ces principes qu'en 1867 M. Hausmann frappa la houille d'un droit exorbitant. L'Empereur avait peur des agglomérations ouvrières qui pouvaient y appeler les grandes usines. Et le préfet voulut les expulser de Paris, prétendant que ce droit mettrait un frein aux torrents de fumée qui troublaient la sérénité du ciel parisien.

b) *Au point de vue de la consommation.*

On ne peut nier l'influence des droits d'octroi sur la consommation. Ces droits la restreignent d'une quotité égale au rapport existant entre le prix de la denrée et le montant du droit dont cette denrée est frappée. Soit, disent les partisans de l'octroi, la consommation pourrait se développer si les droits étaient supprimés. Mais les intermédiaires seuls en tireraient profit. Et ils citent les tentatives de suppression de 1791 et de 1848, à Paris, de 1870 à Lyon (1).

Hâtons-nous de répondre ; en 1791, la situation générale était trop troublée, les finances trop mal assises, pour qu'il soit possible de tirer des déductions déterminantes de ce qui s'est passé à cette époque. D'ailleurs, il faut bien remarquer que si on avait supprimé les recettes d'octroi on n'avait rien mis à la place. En 1848, le Gouvernement fait une nouvelle expérience qui ne dure que trois mois. Quant à la tentative faite à Lyon, elle ne

(1) *Journal officiel*. Chambre des députés. Débats parlementaires. Séance du 7 février 1889, p. 349. Discours de M. Arnous.

prouve rien, sauf la légèreté des administrateurs municipaux, attendu que si l'octroi fut supprimé pendant quelques mois, ce fut dans des circonstances telles que tous les commerçants qui profitèrent de sa suppression étaient assurés que cette suppression ne serait pas de longue durée ; aussi ont-ils agi en conséquence et ont-ils gardé pour eux le bénéfice de la suppression temporaire des droits (1).

Les exemples cités par M. Arnous contre la suppression des octrois ne sont pas déterminants. Nous croyons, nous, que l'intermédiaire ne garderait pas bien longtemps les différences des droits supprimés. S'il en était autrement, jamais le public ne pourrait s'apercevoir d'une baisse de prix; il continuerait de payer toujours au même prix : vêtements, chaussures, linge. Les commerçants ne se feraient jamais concurrence entre eux. Aucun ne voudrait détourner la clientèle à son profit en promettant un prix plus bas que son voisin. Ce serait absurde.

Évidemment la diminution n'aura pas lieu du jour au lendemain ; l'intermédiaire cherchera à conserver pour lui le montant du droit supprimé, mais l'aiguillon de la concurrence aura vite raison de sa résistance.

Les denrées diminuées du droit seront donc moins chères sur le marché; et la consommation augmentera naturellement. La démonstration a été faite à diverses reprises et notamment à Nantes. M. Guillemet, dans

(1) Pey, *Rapport au Congrès de la propriété bâtie de France*, p. 12; — Hanquetin, *De l'octroi de Paris*, pp. 37 et suivantes.

son rapport, cite les faits et chiffres suivants extraits de l'Histoire des octrois de Nantes (1) :

		1800-1808	1816-1835	1835-1852	1886
Vins	Consommation par tête	337 litres	131	144	150
	Droit par hectolitre.....	1.75	4.40	3.20	3.20

		De l'an XI à 1811	1832-1852
Viande de bœuf	Consommation par tête	17 kil. 405	11 kil. 756
	Droit par bœuf.....	12 fr.	25

		Au X à an XIII	1832-1852
Viande de mouton	Consommation par tête	11 kil. 0.23	5 kil. 640
	Droit par mouton...	0.50	3

Dans une discussion à la Société d'Économie sociale, M. Cheysson (2) expliquait que la consommation du vin à Paris, qui s'élevait en 1881 à 258 litres par an et par habitant, est tombée en 1892 à 188 litres. Il attribue cette diminution aux droits élevés d'octroi sur le vin. Sans doute, la diminution n'est qu'apparente, car le mouillage et la falsification compensent, et au delà, les diminutions.

Les partisans des octrois reconnaissent qu'il y a quelque chose à faire dans le sens de la réduction des tarifs.

c) *Au point de vue du crédit communal.*

A un autre point de vue, les partisans de l'octroi disent qu'il faut prendre garde de toucher à cette source

(1) *Journal officiel*. Documents parlementaires. Chambre, 1892, p. 857.

(2) Société d'économie sociale. Séance du 12 mars 1894. *Réforme sociale* du 16 avril 1894, p. 643.

de revenus qui constitue la base essentielle du crédit des Communes. Nous craignons plutôt que si les pratiques actuelles sont maintenues, ce ne soit, pour la situation financière des Communes, la cause des plus graves embarras.

C'est cette forme de perception qui a causé les gaspillages financiers des Communes à octroi. Comme il est très facile de se créer des ressources avec des taxes que le contribuable ne voit pas sortir de sa poche, la plupart des villes ont gagé leurs emprunts sur les octrois.

L'expérience a démontré que ce danger de prodigalité résultait surtout des contributions indirectes. Si elles présentent l'avantage que le contribuable paie sans s'en apercevoir, il ne sait donc pas ce qu'elles lui coûtent. S'il ignore ce qu'il dépense, il a une tendance à croire qu'il peut dépenser indéfiniment. Ignorant le rapport de sa part contributive avec le budget collectif, frappé plus vivement des besoins auxquels il voudrait que la collectivité pourvût, que préoccupé des ressources qu'elle a à sa disposition, il demande toujours une extension des attributions de l'État ou des Communes, et par cela même une extension de leur budget ; si, comme le contribuable anglais, il avait sous les yeux une feuille de contribution lui donnant le total exact de ce qu'il paie; si, sur cette feuille, il était mis à même de constater qu'il doit tant pour la voirie, tant pour l'éclairage, tant pour l'assistance, tant pour la police, le budget collectif prendrait un caractère privé qui l'obligerait d'y porter toute son attention et son contrôle. Il trouverait que tel service lui coûte bien cher, il comprendrait que la plupart des questions sociales aboutissent à des questions de doit et avoir (1).

Il s'apercevrait que c'est à ce système si commode, si attrayant, si productif, que la dette communale doit de s'élever à l'heure actuelle au chiffre énorme de 3 milliards 300 millions.

En effet, depuis 1820, le nombre des octrois n'a pas augmenté (2) :

En 1823, il y avait en France......	1.434	octrois.
1856........................	1.341	—
1883........................	1.535	—
1886........................	1.528	—
1889........................	1.523	—
1900........................	1.516	—

Il n'en est pas de même des recettes :

En 1825........................	61.871.000
1855........................	97.516.000
1883........................	285.705.247
1890........................	286.514.227
1891........................	288.277.052
1899........................	316.627.268

Chaque fois que les Communes ont la fantaisie, plus ou moins justifiée, d'une dépense, elles recourent sans réserve aux surtaxes. Or, celles-ci, qui ne sont votées et approuvées que pour un temps donné, ne disparaissent plus et finissent par s'incorporer aux taxes principales. Lorsqu'elles deviennent libres, il suffit d'une délibération du conseil municipal approuvée, pour en demander

(1) Des Cilleuls, *Des taxes de remplacement de l'octroi*, p. 19.
(2) *Journal officiel*. Documents parlementaires. Chambre, 1892, p. 818.

la désaffectation et la réaffectation à une autre dépense.

C'est un jeu trop élastique et critiquable. N'est-il pas évident que si les Communes, au lieu de recourir ainsi aux taxes d'octroi, dont le paiement est peu sensible pour le consommateur, étaient obligées de frapper directement les cotes foncières, mobilières, ou des patentes, elles y regarderaient à deux fois, et seraient certainement plus ménagères de la fortune des contribuables.

Pour la Ville de Paris, il existe un système spécial, qui consiste à faire concourir pour le service de la dette municipale les ressources générales du budget.

D'après une note de la direction des Finances de la préfecture de la Seine, en réponse à M. Adrien Veber, à l'occasion de son rapport sur la suppression des octrois à Paris, voici dans quelles mesures les ressources provenant de l'octroi assurent le service de la dette (1):

La spécialisation des taxes n'a été faite qu'en ce qui concerne l'emprunt municipal de 1851, amorti définitivement le 2 janvier 1871.

Les emprunts contractés de 1855 à 1875 exclusivement doivent être remboursés au moyen des ressources générales du budget.

L'emprunt de 1886 a été gagé :

1° Par le produit de 4 centimes additionnels au principal des quatre contributions et de 20 centimes additionnels au principal de la contribution foncière seulement jusqu'en 1897;

2° A partir de 1898, par l'annuité de l'emprunt de

(1) *Bulletin municipal officiel de la Ville de Paris*, 1898. Rapport Adrien Veber, n° 71, annexe 15, p. 36.

1855-60, devenue disponible par suite de l'amortissement de cet emprunt.

L'emprunt de 1892, émis sous forme de titres provisoires non libérés, a vu son service assuré à partir de 1898 au moyen de centimes provenant de l'emprunt de 1886. Il y a lieu d'observer toutefois que, de 1892 à 1898, il a été constitué au budget un fonds spécial de 2.300.000 francs à titre de gage transitoire, lequel était alimenté, jusqu'à concurrence de 400.000 fr., au moyen des plus-values d'octroi.

L'emprunt de 1894 a pour dotation la taxe de vidange; celui de 1896 est doté au moyen d'une partie de l'annuité prélevée sur les ressources générales du budget, qui formait la dotation de la dette envers le Crédit Foncier avant la conversion de celle-ci.

En résumé, les recettes de l'octroi concourent avec toutes les autres recettes générales au service de la dette municipale, exception faite pour l'emprunt de 1892 et celui de 1894.

Ceci nous amène à examiner une autre objection concernant le crédit des villes. On craint que la transformation de l'octroi n'y porte un coup fatal, ne nuise à leur solvabilité. L'octroi, dit-on, est la garantie de leurs engagements, et tout ce qu'on en retranche ne peut que compromettre les droits des créanciers.

Mais on peut dire, comme réponse, que c'est l'ensemble des revenus communaux qui est la garantie des prêteurs. Il n'y aurait donc danger pour ceux-ci que si ces revenus étaient diminués sans compensation.

Mais tel ne pourrait jamais être le cas dans l'hypothèse de la transformation des octrois. Ou elle n'aurait pas lieu, ou le produit antérieur serait remplacé par un produit égal, bien que d'autre nature. La situation financière resterait encore intacte; les éléments seuls en seraient modifiés.

Ce qui est incontestable, c'est que l'abus des surtaxes d'octroi, joint aux centimes additionnels et aux facilités offertes par le Crédit Foncier, qui prête à 3 fr. 50 aux Communes pour la conclusion et l'émission de leurs emprunts, est la cause principale de la situation obérée où la plupart d'entre elles se trouvent; on leur rendrait un véritable service en restreignant, par la réforme des octrois, leurs moyens de s'endetter.

d) *Au point de vue agricole.*

On affirme, pour démontrer la légitimité de l'octroi, que celui-ci atteint exclusivement les citadins. Les défenseurs insistent à cet égard. Les habitants des villes, disent-ils, profitent de l'octroi pour leurs services de voirie, d'école, d'assistance; ils le paient, tout cela se tient, se balance : c'est la justice elle-même. Rien n'est moins certain. L'octroi, d'après Turgot, est un droit abusif dont usent les villes pour se procurer des ressources financières aux dépens des campagnes, en soumettant les denrées à des taxes énormes qui en diminuent la consommation et qui sont supportées par les citoyens les plus pauvres (1).

(1) Turgot critiquait en même temps l'octroi au point de vue de la proportionnalité.

L'incidence ultime d'un impôt est toujours très problématique. Le paysan qui vend ses denrées au marché de la ville essaie de faire payer l'octroi par l'acheteur qui de son côté y résiste. La concurrence intervient et reporte la charge sur l'un ou sur l'autre des contractants, à moins qu'elle ne la partage entre les deux.

Mais ce qui est incontestable, c'est que la hausse artificielle infligée aux prix des choses en limite la consommation et en altère la qualité. Rançonnés par l'octroi, ayant peine à gagner leur vie, les paysans sont tentés d'abandonner un métier ingrat et d'aller à la ville. L'octroi pousse ainsi à la dépopulation des campagnes. En somme, l'agriculture est la première victime de l'octroi dont elle subit une partie des charges. Elle est donc aussi la première intéressée à une réforme.

Certains veulent voir dans l'existence des barrières, qui fait hausser le prix des denrées dans les villes un obstacle contre ce mouvement d'immigration dans les centres urbains. Ce raisonnement n'est pas nouveau. Déjà dans son rapport au nom de la sous-commission des octrois (enquête agricole de 1867) M. Paul Fould formulait cet argument; en 1843, Victor Considérant disait qu'il ne fallait à aucun prix augmenter les attractions des villes sous peine de provoquer la baisse des salaires par l'abondance des bras sur le marché du travail.

Les événements se sont chargés de répondre à ces considérations. Au nombre de 1459, produisant 87 millions en 1857, les octrois passent à 1516, produisant 316 millions en 1899, démontrant ainsi que l'élévation des taxes ne s'opposait pas à l'immigration dans les villes, qui n'a fait que s'accroître.

L'octroi ne parvient pas à empêcher l'émigration des campagnes, parce qu'elle dépend de trop de facteurs économiques et sociaux. Mais si on examine cette théorie, on s'aperçoit qu'elle est des plus dangereuses en ce sens qu'elle transforme le fisc en un instrument d'oppression dirigé tantôt contre les uns, tantôt contre les autres, suivant les conceptionspolitiques et sociales des gouvernants.

Bien que cela puisse paraître paradoxal nous estimons que la suppression des octrois, loin de favoriser la dépopulation des campagnes, est de nature à la combattre, et voici comment : Quand, sous la pression de la cherté de la vie, le travail émigre à la campagne l'ouvrier ne le sait pas, il reste à la ville à végéter, à attendre des temps meilleurs. Pendant ce temps, l'ouvrier rura accomplit le travail pour un prix inférieur et pour ce motif a la préférence de l'industriel.

Abaissez le coût de la ville, dans une certaine mesure le travail reviendra, mais, le plus souvent, sans le travail rural qui pourra alors se consacrer entièrement aux travaux des champs. Nous pouvons d'ailleurs enfermer les contradicteurs dans le dilemme suivant :

Ou la suppression des octrois ne profite pas aux consommateurs, et, le bon marché de la vie ne se produisant pas, l'afflux des ruraux n'est pas à craindre ;

Ou si l'immigration est redoutée, c'est que l'on sait que la suppression des octrois provoquera une diminution du coût de la vie.

Nous n'insisterons pas, mais nous dirons cependant que la dernière alternative nous paraît la seule exacte.

Nous terminerons en réfutant un argument spécial à la ville de Paris et invoqué par les défenseurs de l'octroi : « Si l'octroi est supprimé, les étrangers qui profitent de tous les avantages de la capitale ne contribueraient plus au paiement de ses charges. »

Il est certain, tout d'abord, que le dégrèvement des impôts de consommation n'empêcherait pas qu'ils payassent leur part des nouveaux impôts qui remplaceraient ceux de l'octroi ; dans tous les cas, en admettant que les étrangers puissent vivre à Paris à meilleur marché, nous n'y voyons qu'un bien : leur affluence serait plus considérable ; et le commerce parisien ne pourrait qu'en profiter.

Cette objection, relative aux étrangers, est qualifiée d'enfantine par M. Yves Guyot (1). « D'abord, ajoute-t-il, « nous n'interdisons pas de leur demander une taxe de « séjour, comme on fait à Hombourg et autres villes « d'eaux d'Allemagne ; c'est l'affaire de la Commune. »

Mais on se fait de singulières idées sur le nombre des étrangers. Le dernier recensement compte à peu près 500.000 individus de passage, voyageurs, etc., soit 1 sur 75 habitants pour toute la France.

Leur productivité n'est pas non plus, au point de vue de l'octroi, aussi grande qu'on veut bien le croire. Certes, si leur influence doit se faire sentir, c'est au moment des expositions universelles. Or, en 1867, année

(1) *Journal officiel*. Documents parlementaires. Chambre, 1886, p. 302.

d'exposition, l'octroi de Paris est de 100.151.000 francs, en augmentation de 4 millions sur l'année 1866, tandis qu'en 1865 il avait également augmenté de 4 millions. Il reste stationnaire en 1867 et 1868, et augmente, au contraire, de 7 millions en 1869, alors que tous les étrangers en sont partis.

Il en a été de même pour les expositions de 1878 et 1889 (1).

On voit que l'affluence des étrangers a, sur les recettes de l'octroi, une influence beaucoup moins considérable qu'on le suppose. Et puis vraiment ce serait un singulier métier de dupe de faire peser un impôt inique sur 72 personnes, de peur qu'un oiseau de passage lui échappât. Cet argument ayant été invoqué au conseil municipal de Dijon, M. Duthu, faisant le décompte de ce que pouvait payer à l'octroi l'élément étranger, disait : « Quoi ! c'est sur une misérable somme de 800 francs prélevée sur les étrangers que l'on s'appuie pour demander aux habitants une somme cent fois plus forte (2) ! »

Résumé. — Il est inutile de nous étendre davantage sur les injustices et les inconvénients des octrois. Il est prouvé, et nous avons essayé de le démontrer, que ces taxes sont injustes et onéreuses, qu'elles favorisent la sophistication des denrées, qu'elles sont une cause de vexations de tout genre et d'entraves de toute espèce, en contradiction avec les lois de l'économie politique,

(1) Gaston Cadoux, *les Finances de la Ville de Paris*, p. 367.

(2) Séance du 10 mai 1886, cité par M. Yves Guyot. *Journal officiel.* Documents parlementaires. Chambre. Session extraordinaire 1888, p. 686.

préjudiciables à la production agricole, nuisibles à l'industrie, ruineuses pour les travailleurs des villes aussi bien en ce qui concerne leur bourse que leur santé ; attentatoires à la liberté individuelle par leur caractère inquisitorial et à la morale publique par les fraudes qu'elles propagent. Tout le monde connaît ces vices, tout le monde les sent, et désire en être affranchi. Les octrois sont chargés des malédictions séculaires, et si nous les avons trouvés en naissant, avons vécu avec eux, subi l'habitude invétérée de leur empire, il faut que cette institution soit forcément mauvaise pour qu'ils restent toujours réellement insupportables. Mais la situation financière de la France permet-elle d'accomplir la réforme de la suppression des octrois? Peut-on retirer aux villes leurs ressources actuelles sans leur donner une compensation en leur abandonnant certains revenus de l'État? Il n'est pas facile de trouver la solution de ce problème, car il ne s'agit pas moins de remplacer une somme de 319 millions. Mais, toutefois, la question ne nous paraît pas insoluble, et c'est dans ce but que nous allons passer à la deuxième division de cette étude, c'est-à-dire au remplacement des taxes communales d'octroi.

SECTION II

Comment remplacer les Taxes d'octroi.

CHAPITRE PREMIER

DIFFICULTÉ DU REMPLACEMENT DES OCTROIS. — SITUATION FINANCIÈRE DES COMMUNES

Si, depuis Vauban jusqu'à nos jours, un concert général de réprobation s'est élevé contre les octrois et si presque tout le monde est d'accord pour en demander la suppression, le peuple instinctivement, les économistes par raisonnement, la même unanimité n'existe pas en ce qui concerne les taxes à établir en remplacement de cette ressource municipale.

En effet, ainsi que le disait fort bien M. Bardoux, la suppression des octrois n'est pas ce qu'il faut résoudre; c'est la question du remplacement qu'il importe de trancher (1).

Ce qui fait hésiter les plus décidés des réformateurs, c'est l'importance des ressources à trouver. C'est la

(1) *Journal officiel.* Documents parlementaires. Sénat. Session ordinaire, 1894, p. 235.

proportion considérable que représentent les recettes d'octroi dans les budgets locaux. D'après un travail fait par M. Hennequin, chef de bureau au ministère de l'Intérieur sur la situation financière des Communes, il ressort que, pour les villes à octroi, les recettes municipales, qui s'élevaient, en 1886, à 350.860.401 francs, se décomposaient comme suit :

1° Produit des centimes sur taxes directes = 73.085.533

2° Produit de l'octroi.................. =277.774.868

ce qui représente pour les taxes directes une proportion de 21 p. 100 et pour l'octroi 79 p. 100. Ce rapport de 21 à 79 pour 100, qui existait en 1886 pour une recette de 277 millions, ne peut être que supérieur aujourd'hui où ces recettes s'élèvent à 319 millions.

Il suffit de se reporter à la dernière statistique établie par le ministère de l'Intérieur pour se rendre compte de la répartition.

On constate que le rendement total des taxes d'octroi,

qui était en 1897 de..............	316.627.268 fr.
s'est élevé en 1898 à...............	319.685.573 fr.
soit une différence en plus de.......	3.058.305 fr.

inférieure cependant de 1.811.628 francs à l'augmentation constatée en 1897 (4.869.933).

Le produit total de 319.685.573 francs se répartit entre les budgets ordinaires et extraordinaires ainsi qu'il suit :

Budgets ordinaires..........	304.684.161 fr.
Budgets extra ordinaires......	15.001.412 fr.
Somme égale.....	319.685.573 fr.

Il ressort de la comparaison de ces résultats que la plus-value de 3.058.305 francs dans les recettes totales de l'octroi porte presque entièrement sur les taxes ordinaires (3.020.165), l'augmentation des taxes extraordinaires n'est que de 38.140 francs.

En 1897, les recettes de l'octroi se divisaient de la manière suivante :

Taxes ordinaires.............	301.663.996 fr.
Taxes extraordinaires.........	14.963.272 fr.
Somme égale.....	316.627.268 fr.

Le tableau ci-après fait connaître la progression des recettes tant ordinaires qu'extraordinaires de l'octroi pendant les années 1891 à 1897 :

Années.	Paris.	Autres Communes.
1891	141.500.000	147.277.052
1892	143.759.356	149.373.735
1893	149.764.448	153.402.046
1894	150.469.548	155.427.609
1895	152.269.248	157.008.465
1896	153.264.348	158.492.987
1897	155.281.838	161.345.430
1898	156.071.999	» »
1899	157.810.015	» »

Examinons maintenant le montant de la dette communale, qui était au 31 mars 1896

(situation de 1897) de.............	3.511.984.252 fr.
a atteint au 31 mars 1897..........	3.644.383.328 fr.
D'où une différence en plus de.	132.399.076 fr.

qui provient notamment de l'émission par la Ville de

Paris de l'emprunt de 1894-1896. (Lois des 10 juillet 1894 et 12 juillet 1896).

Pour ce qui est spécialement de la Ville de Paris, la dette, qui ressortait au 31 mars 1896 à 2.043.883.779
s'est élevée au 31 mars 1897 à........ 2.189.822.928

Soit une augmentation de........ 145.939.159

Actuellement, d'après le dernier emprunt contracté pour la construction du Métropolitain, autorisé par une loi du 30 mars 1898, la dette municipale parisienne s'élève à la somme énorme de 2.448.331.700 fr. dont le service annuel figure au chapitre premier du budget de 1900 pour la somme de 112.023.515 fr. 86 cent. (1).

En ce qui concerne les autres Communes, la dette présente, comparativement à 1897, une diminution de 13.540.100 (1.454.560.400 au lieu de 1.468.100.500); mais cette diminution doit être attribuée à ce que, depuis 1884, le chiffre du passif communal de la ville du Hâvre comprenait les intérêts et le capital d'un emprunt de 21 millions et demi. Dans la situation de 1898, le calcul a été établi régulièrement d'après le capital restant dû et la dette de cette ville ne ressort aujourd'hui qu'à 33.962.863 au lieu de 47.899.357, soit une différence en moins de 13.936.494.

Cette analyse démontre nettement la gravité du problème que soulève le remplacement des octrois, si d'un côté on envisage la part qu'ils tiennent dans les finances communales, et si, d'autre côté, on prend en considération les revenus que les villes doivent trouver pour

(1) Cadoux, *les Finances de la Ville de Paris*, p. 315.

combler le déficit annuel causé par leur situation financière.

Dans ces conditions, comment remplacer une source aussi productive? C'est là où les partisans de l'octroi attendent les réformateurs. C'est la plupart du temps la moitié des recettes et plus des budgets communaux qu'il faut remplacer.

Ainsi à Paris, sur un budget de 320.315.878,06, l'octroi est entré en recette pour l'exercice 1899 à la somme de 157.810.015, 73; soit 55 p. 100 des ressources de la capitale.

Dans certaines villes il en forme la presque totalité (1), sur 101 villes en effet, où la recette annuelle de l'octroi dépasse 200.000 francs, 23 en tirent les 4/5 de leurs revenus; 40 les 3/5,27 : 56 p.100 et 11 seulement moins de 50 p.100. Si l'on recherche maintenant combien il faudrait de centimes additionnels aux quatre contributions directes pour pourvoir au remplacement de l'octroi où il rapporte 100.000 fr. et au-dessus, on constate que le montant de ces centimes ressortirait, pour 5 villes, à 300 centimes et au-dessus, pour 71 de 290 à 200 centimes; pour 101 de 199 à 150 ; pour 3 de 149 à 100; pour 1 à 94 centimes (2).

Voilà la raison pour laquelle, malgré la latitude que laisse la loi, aucun conseil municipal de ville quelque peu importante n'a prononcé la suppression de son octroi : trouvant dans cette organisation fiscale une

(1) *Journal officiel*. Documents parlementaires. Chambre, 1892, p. 847.

(2) Le Creuzot.

source facile de revenus toujours insuffisants (1).

Néanmoins des faits positifs attestent que toutes les Communes ne se sont pas obstinées à maintenir ce système. Le chiffre des Communes à octroi, qui s'élevait à 1535 en 1882, est descendu à 1525 en 1886. Il est aujourd'hui de 1516.

Il y a donc eu dans cette période, par la seule initiative municipale, près d'une trentaine de suppressions ou de transformations. Il s'est agi, il est vrai, de petites Communes où l'octroi produisait très peu et où la substitution des taxes était facile. Cependant il est important de noter à la date du 22 avril 1887 l'exemple de Lyon qui a décrété l'abolition de son octroi, mais en le remplaçant par des taxes que n'autorise pas la législation générale et qui excèdent dès lors les pouvoirs des municipalités ; ce qui a fait annuler par le Gouvernement la délibération du conseil municipal. Il s'agissait en l'espèce d'un impôt sur la valeur vénale de la propriété.

D'autres Communes enfin ont dégrevé les objets de première nécessité au moyen d'élévation des droits sur l'alcool. On peut citer de ce nombre la ville de Besançon.

Quant à Paris, la ville où la question des octrois a une importance considérable, puisque sur le total de 316 millions produits par l'ensemble des octrois, celui

(1) L'article 138 de la loi du 5 avril 1884 porte en effet : « sont exécutoires sur l'approbation du préfet, conformément aux dispositions de l'article 69 de la présente loi, mais toutefois après avis du conseil général ou de la commission départementale dans l'intervalle des sessions, les délibérations prises par les conseils municipaux concernant la suppression ou la diminution des taxes d'octroi. »

de la capitale dépasse 157 millions, le conseil municipal a réitéré plusieurs fois le vœu de l'abolition sans toutefois voir ses résolutions admises par le Parlement.

Chacun dans la solution de cette question a apporté son système. Les uns ne se donnent même pas la peine de rechercher par quels moyens les Communes auraient à pourvoir à leurs besoins, après la suppression des ressources que procurent les octrois et se bornent à indiquer comme ressource les taxes directes. Les autres proposent des moyens de tous genres : taxe sur la propriété bâtie ou non bâtie, décimes additionnels aux droits de succession, taxes sur le capital des meubles corporels, centimes additionnels aux droits de mutation, taxe sur les pianos, sur les professions libérales, les étrangers, etc.

Ces divers systèmes ont leurs avantages et leurs inconvénients, mais il s'en dégage un principe général qui doit être admis tout d'abord : c'est que les octrois ne peuvent disparaître de notre législation qu'à la condition d'assurer aux Communes les ressources qui doivent remplacer celles qu'elles retirent de l'impôt dont on demande la suppression.

Nous allons examiner par quelles phases la question du remplacement des octrois a passé, et par quelles étapes elle a traversé notre législation pour finir par échouer au vote de la loi du 29 décembre 1897 sur le dégrèvement des boissons hygiéniques.

CHAPITRE II

L'OCTROI DEVANT LE PARLEMENT

§ 1er. — *Projets et tentatives de suppression des taxes d'octroi.*

L'Assemblée Constituante supprima les octrois par la loi des 19-25 février 1791.

Mais l'ordre économique était trop profondément bouleversé pour qu'aucune expérience de réforme pût produire un effet appréciable.

Le déficit de l'État augmenta chaque année, celui des villes disparut fictivement au moyen de la nationalisation des dettes communales; quant aux hôpitaux qui, jusqu'en 1791, jouissaient de droits d'octroi, leur sort devint pénible. Aussi dès l'an V Defermon, organe d'un comité du Conseil des Cinq-Cents, proposait-il de rétablir les taxes aux entrées des villes en partageant leur produit entre le Trésor et les caisses municipales (1).

Chose remarquable, la législature, qui n'osa point ratifier intégralement ce projet, vota le principe du rétablissement des octrois, à titre d'appoint destiné à combler les insuffisances éventuelles des revenus ordinai-

(1) Procès-verbaux, séance du 8 germinal; voir aussi, à la date du 1er floréal, le rapport de Laporte.

res communaux. A leur tour, les villes, sauf celle de Saint-Dié (1), craignirent de réveiller les passions excitées peu d'années auparavant.

On eut alors l'idée de restaurer, en les associant sous les noms octrois municipaux et de bienfaisance, les anciennes taxes au profit des villes et des établissements de bienfaisance. Cette mesure, inaugurée au début de l'an VII, s'étendit en quelques mois à 31 villes, puis après le 19 brumaire an VIII, le Gouvernement reçut une délégation pour l'exécuter, le cas échéant, dans d'autres localités (2).

Les octrois purement communaux reprirent aussi leur place parmi les recettes municipales (3); bientôt l'État, vers la fin du Consulat, eut lui-même de nouveau recours aux droits d'entrée sur les consommations (4).

Cette loi du 11 frimaire de l'an VII interdit de taxer les grains et farines, le pain et le lait, les légumes et autres denrées nécessaires à l'existence. Les tarifs actuels démontrent combien ces prescriptions ont été négligées dans la pratique.

(1) Monot, *Rapport du 26 pluviôse an VI*, au même conseil.

(2) Lois du 27 vendémiaire an VII (Paris); 23 floréal (Bordeaux); 9, 22 et 28 prairial (Nantes, Rouen et Poitiers); 14 et 21 messidor (Versailles et Châlons-sur-Marne); 13 et 16 thermidor (Sedan, Bayonne et Dieppe); 12, 13, 17, 19 et 26 fructidor (Troyes, Lorient, Dunkerque, Nancy, Auray, Orléans, Charleville); 6me complémentaire (le Hâvre); 2, 13, 17, 24 vendémiaire an VIII (Toulouse, Morlaix, Rennes, Grenoble, Genève, Rochefort, Saintes, Tours, Bresse); 3, 9, 14 et 19 brumaire (Amiens, La Rochelle, Bordeaux, Pontivy).

(3) Lois 16 thermidor an VII (Dijon), 24 fructidor suivant (Bourg), 27 frimaire an VIII (Courtrai, Reims, Metz, Lille, Calais, Fontenay-le-Comte, Limoges, Epinal).

(4) Loi du 5 ventôse an XII.

Même en 1815 et 1816, Marseille et Aix demandèrent et obtinrent le droit de taxer le pain ; et cette taxe subsista pour Marseille jusqu'en 1879, malgré tous les efforts du Conseil d'État. Le fait est d'autant plus curieux que Marseille est la ville où l'on consomme le plus de pain, en même temps que celle où les doctrines libres-échangistes ont été de tous temps le plus en faveur. Les œufs et le sel se trouvent encore inscrits dans le tarif de la ville de Paris.

Nous pouvons passer rapidement sur l'Empire et la Restauration. Cette période, toute militaire, ne se prêtait que très peu aux idées réformistes. L'ordonnance de 1814 se borna à codifier les règlements antérieurs. Puis la loi de 1816, qui est encore fondamentale sur la matière, se borna à réagir contre le système de mainmise de l'État sur les octrois. Il en résulta un grave inconvénient ; les municipalités usèrent et abusèrent de la latitude qui leur avait été laissée pour surtaxer les boissons et c'est même cette question des boissons qui a mis en péril l'existence des octrois.

En 1830, M. le comte de Chabrol, alors ministre des finances, proposait l'établissement d'un impôt unique et *ad valorem* sur les boissons, et il examinait s'il ne conviendrait pas d'abandonner le prélèvement du dixième, opéré par le Trésor sur les droits d'octroi, dans le cas où les droits d'octroi sur les vins seraient supprimés afin de faciliter aux Communes le remplacement du revenu dont elles seraient privées.

Sous la Monarchie de Juillet, le mouvement économique qui se produisit appela de nouveau l'attention sur les octrois, qu'un certain nombre de publicistes comparaient à de petites douanes intérieures et par ce fait entièrement opposés aux principes du libre échange qui donna matière à cette époque aux plus vives controverses.

La campagne a commencé dès cette époque dans les départements viticoles du midi. Elle aboutit à la loi du 11 juin 1842, portant fixation du budget des recettes de l'exercice 1843, qui décida que dorénavant les taxes ne pourraient être établies que par une ordonnance rendue dans la forme des règlements d'administration publique, c'est-à-dire le Conseil d'État entendu, et les surtaxes que par loi (1).

En 1846, une tentative fut faite par M. de Genoude. Il proposa à la Chambre la suppression des octrois, mais il échoua, parce que son système de remplacement des taxes communales ne fut pas admis. Il proposait d'établir une nouvelle taxe sur la propriété.

En 1848, sous la deuxième Révolution, la suppression des octrois fut de nouveau vivement réclamée. Le Gouvernement provisoire ne crut pas devoir réaliser immédiatement la solution que réclamait ce problème économique, mais il voulut néanmoins faire des essais à cet égard ; c'est ainsi qu'il décréta la suppression des droits sur la viande de boucherie et de charcuterie à Paris.

(1) L'article 9 porte en effet, dans son dernier alinéa : « Il ne pourra être établi aucune taxe d'octroi supérieure au droit d'entrée qu'en vertu d'une loi. L'article 149 de la loi du 28 avril 1816 est abrogé. » Souviron, *le Code communal*, p. 537.

L'article 3 du décret du 18 avril autorisait le ministère des Finances à étendre aux villes des départements la suppression des droits d'octroi sur la viande; le ministre ayant voulu user de cette faculté, les conseils municipaux de 1213 Communes aux octrois desquelles les comestibles étaient imposés opposèrent un refus formel à ses propositions (1).

Le Gouvernement, animé d'excellentes idées, laissait aux Communes le soin de rechercher elles-mêmes les ressources dont elles avaient besoin. Or, le mouvement politique de cette époque n'était pas particulièrement susceptible de rendre facile la tâche incombant aux conseils municipaux.

Aussi quatre mois à peine étaient écoulés; comme on constatait une diminution dans les recettes, le pouvoir exécutif demandait le rétablissement des droits sur la viande :

« Des documents certains, disait l'exposé des motifs de la loi, prouvent de la manière la plus évidente que la

(1) Décret du 18 août 1848 : Au nom du peuple français, le Gouvernement provisoire, considérant que la subsistance du peuple doit être une des premières préoccupations de la République, qu'il importe surtout de diminuer le prix des objets d'alimentation qui peuvent ajouter aux forces physiques des travailleurs;

Décrète :

Article 1er : à Paris, les droits d'octroi sur la viande de boucherie sont supprimés.

Article 2 : ces droits sont remplacés,

1° Par une taxe spéciale et progressive sur le propriétaire et les locataires occupant un loyer de 700 francs et au-dessus;

2° Par un impôt somptuaire établi sur les voitures de luxe, les chiens et les domestiques mâles, quand il y aura plus d'un domestique mâle attaché à la famille.

suppression comme la réduction des taxes locales n'ont profité qu'au commerce des bestiaux et à celui de la boucherie. D'un autre côté, loin d'être favorable aux intérêts de la classe ouvrière, la suppression des droits a eu pour effet de faire ajourner à son préjudice de nombreux travaux prévus au budget de 1848 et de priver la ville, sans compensation aucune, d'une ressource annuelle de plus de 6 millions. La ville demande, et à cet égard le vote de la Commission municipale a été unanime, que les droits d'octroi sur les viandes de boucherie et de porc soient rétablis. »

La loi de 1848 prescrivit alors le retour à l'ancien tarif. Comme l'expérience avait duré très peu de temps, la concurrence n'avait pas eu le temps, comme on l'espérait, de produire l'abaissement des prix, en sorte que les consommateurs ne ressentirent aucun avantage de cette réforme partielle de l'impôt (1).

Pour la même époque, il faut encore noter l'enquête sur les boissons dirigée par M. Bocher. Les conclusions de son rapport du 11 juin 1851 ont pris place dans le décret-loi de 1852. Ce décret contenait pour les boissons une mesure excellente (on abaissait à 25 litres le droit de gros sur les boissons), destinée à favoriser la consommation de famille ; le décret supprimait aussi le prélèvement du dixième au profit du Trésor et abaissait de moitié le droit d'entrée sur les vins en prescrivant dans les trois ans un abaissement égal des droits d'octroi. Mais, dès 1854, les instances des municipalités urbaines, déjà lancées alors dans la voie des travaux et des

(1) Deloynes, *les Octrois et les budgets municipaux*, p. 8.

emprunts, obtenaient l'abrogation de cette réserve.

Entre temps plusieurs propositions furent présentées au Corps législatif. En 1851, MM. Jorez et Soubre, députés, proposent l'abolition des octrois à partir du 1er janvier 1852. Cette proposition n'eut aucun succès parce que les deux honorables représentants n'avaient pas prévu la difficulté d'y pourvoir par des impôts d'une autre nature.

En 1860, on chercha de nouveau la solution de ce problème parce qu'il venait d'être résolu en Belgique le 18 juillet. Cette réforme eut un retentissement jusqu'aux extrémités de l'Europe et produisit en France presque instantanément un mouvement d'opinion considérable en faveur de la suppression des octrois; mais ce fut en vain; la difficulté de pourvoir au remplacement de cet impôt était trop grande.

En 1865, M. Glais-Bizoin fit un discours au Corps législatif sur les octrois où il concluait à leur suppression. Ne pouvant convaincre la majorité de ses collègues, il persévéra quand même à mener une campagne acharnée contre cette institution.

Jusqu'en 1869, le Sénat et le Corps législatif, souvent saisis de pétitions (1) ou d'amendements aux lois de finances, repoussèrent constamment tout emotion en faveur de l'abolition des octrois. Cependant, en 1859, Napoléon III, dans son discours d'ouverture des Chambres, annonce qu'il serait procédé à une enquête. Cette en-

(1) M. Frédéric Passy avait fait envoyer à tous les conseils généraux sa proposition d'abolition des octrois, exposée dans une brochure intitulée : *Delenda Carthago;* laquelle suscita beaucoup de pétitions

quête, confiée à la sous-commission supérieure de l'enquête agricole, fut interrompue par la guerre de 1870; à ce moment les résultats étaient connus pour 74 départements comprenant 1.114 octrois.

La sous-commission formula, à l'aide de ces documents, deux solutions, l'une au nom de la majorité représentée par M. Migneret, conseiller d'État, l'autre au nom de la minorité représentée par M. His de Butenval, ami et collaborateur de l'économiste libéral Michel Chevalier (1).

Voici ces deux documents :

I. — *Conclusions de la majorité.*

1° Dans l'état de notre système administratif et financier, il n'y a pas lieu de demander au Gouvernement de l'Empereur la suppression des octrois municipaux;

2° Mais il serait fortement à désirer :

a) Que, soit dans les règlements particuliers, soit dans le tarif général, on eût soin de ramener les taxes à un taux modéré de manière qu'elles ne fussent qu'une fraction très minime du prix de la denrée assujettie;

b) Qu'on restreignît progressivement le nombre des taxes additionnelles et de surtaxes ;

c) Qu'on renonçât à l'extension du périmètre au préjudice des dépendances rurales des villes jouissant des droits d'octroi ;

d) Que des règlements uniformes autant que possible fussent combinés de manière à diminuer les genres de perception.

(1) Cadoux, *les Finances de la Ville de Paris*, p. 374.

Il est facile de remarquer que ces conclusions sont une condamnation de l'octroi; mais, ne sachant comment le remplacer, elle préféra se borner à en signaler les inconvénients sous les apparences d'une réforme à introduire.

La minorité était plus radicale dans ses idées.

II. — *Conclusions de la minorité.*

« La minorité, convaincue des inconvénients financiers, politiques et moraux de l'impôt connu sous le nom d'octroi, qu'elle considère comme également contraire aux instincts du peuple, aux lois de la science économique, à l'autorité de noms considérables de notre histoire et à l'exemple des peuples voisins, estime que la réforme de cette partie de nos contributions publiques n'aurait besoin, pour prendre place dans l'ordre des faits, que du temps et de la seule neutralité du Gouvernement; que ce serait aux conseils généraux à résoudre l'étude du problème. »

Elle invitait le Gouvernement à mettre à l'étude les moyens de diminuer graduellement et de supprimer en définitive les droits d'octroi.

Malheureusement les événements de 1870 ne permirent pas au Gouvernement impérial de prendre des résolutions.

Pendant la première période de la troisième république, celle de la réorganisation de nos finances et de la reconstitution de notre puissance militaire, les projets d'abolition des octrois furent relégués à l'arrière-plan des préoccupations du Parlement et ce n'est qu'en 1876 qu'une proposition émanant de MM. Vernhes et Laroche-Joubert fut déposée à la Chambre des députés le 3 avril (1) et remit en discussion le maintien ou l'abolition de l'impôt communal.

D'après le texte de la proposition (2), il s'agissait d'un remaniement complet de la fiscalité des boissons et de la création de 620 millions d'impôts directs pour racheter les 220 millions produits par les octrois et les 400 millions de l'impôt des boissons.

L'énormité de la somme à trouver fit avorter le projet, mais néanmoins l'idée persistait.

Au mois de janvier 1878, M. Menier, député de l'arrondissement de Meaux, déposait une proposition de loi signée de dix députés autorisant les conseils municipaux à remplacer leurs octrois par diverses taxes directes et à racheter à l'aide de centimes additionnels les droits d'entrée perçus par le Trésor. En dehors de sa conception personnelle du remplacement de l'octroi par l'impôt sur le capital, et spécialement par une imposition sur la valeur vénale des immeubles, M. Menier voulait que les Communes eussent le pouvoir de créer des impôts directs et d'en déterminer l'assiette et la quotité. Il ne s'agissait plus de 620 millions, mais de 254 millions de droits d'octrois et de 182 millions de droits d'entrée. Ce projet semble laisser aux Communes la liberté qu'elles avaient sous l'empire de la loi du

(1) *Journal officiel*. Débats parlementaires. Chambre des députés. Séance du 3 avril 1876, p. 2399.

(2) *Journal officiel*. Documents parlementaires. Chambre. Session ordinaire, p. 2761.

24 juillet 1867, de supprimer leur octroi, et de les remplacer comme elles le voulaient; mais il n'en est rien, il se bornait à indiquer les moyens à employer, et à ce point de vue il présentait une restriction à la liberté des Communes. Le projet fut renvoyé à une commission (1) de 22 membres au nom de laquelle M. Pascal Duprat, son président, fit un rapport très intéressant et très étendu sur la réforme des droits d'entrée, mais ne parlant pas de la solution du problème de l'abolition des octrois. Il fut déposé à la séance du 18 mars 1880 (2).

La commission adoptait le principe, mais, quant au moyen d'application, elle estimait qu'il convenait d'écarter toute ingérence de l'État et de provoquer l'initiative des conseils municipaux en leur ouvrant la voie par une autorisation permanente; mais elle ne pensait pas qu'il fût utile de laisser aux essais une latitude absolue dans le choix de l'assiette, ce qui aurait pu conduire à la confusion et au désordre. La commission promit en outre de faire une étude approfondie du système à autoriser ou à recommander aux Communes. Sous le bénéfice de ces observations, la proposition passa à la Chambre le 22 avril 1880 et fut renvoyée à la Commission des boissons. Elle devint caduque en 1881, à la fin de la législature.

Cette proposition attira vivement l'attention des municipalités et des économistes; elle donna lieu à une très

(1) *Journal officiel* du 5 mars 1880. Chambre. Documents parlementaires, p. 2610.

(2) *Journal officiel* du 18 mars 1880. Chambre. Débats parlementaires, p. 3214.

intéressante discussion entre M. Brelay et M. Yves Guyot dans le *Journal des Économistes*.

Reprise en 1884, avec quelques modifications, par M. Delattre, comme amendement de l'article 68 de la loi municipale, elle fut repoussée à une forte majorité (1) de 312 voix contre 104 pour l'adoption. Le rapporteur, M. de Marcère, ne voulait pas permettre aux Communes de faire des expériences qui eussent pu leur être funestes; il était plus sage de ne pas les y exposer.

En 1885, au cours de la discussion sur le tarif général des douanes, divers amendements furent présentés à la Chambre en vue de consacrer une partie des droits de douane à abaisser ou à abolir les droits d'octroi sur la viande de boucherie et sur les boissons. Ces amendements furent repoussés.

En 1886, M. Yves Guyot déposait sur le bureau de la Chambre une nouvelle proposition signée de 105 de ses collègues (2). Cette proposition, précédée d'un exposé de motifs très documenté, fut de suite appuyée par les sympathies parlementaires (3).

C'est qu'entre l'année 1884 et l'année 1886 avaient eu lieu les élections législatives. Et pendant l'année 1885 on avait reproché amèrement aux députés sortants leur vote de 1884. M. Hervé entreprit, dans le journal *le Soleil*, une violente campagne contre les octrois qu'il aurait voulu remplacer par le droit d'entrée sur les

(1) *Journal officiel*, 1883. Chambre. Débats parlementaires, p. 164.

(2) *Journal officiel*. Chambre. Débats parlementaires, 1886, p. 1180.

(3) *Journal officiel*. Chambre. Documents parlementaires, 1886, p. 289.

céréales et par une augmentation de droit sur l'alcool.

M. Yves Guyot fut nommé rapporteur de sa proposition par la 7e commission d'initiative et déposa son rapport à la séance du 17 janvier 1887.

La proposition Yves Guyot ne différait de celle de M. Menier que sur un point. Au lieu de dire, comme dans la proposition même, que les taxes à établir en remplacement des octrois devraient être proportionnelles, M. Yves Guyot disait qu'elles pouvaient être proportionnelles ou progressives. Au cas où les conseils municipaux prendraient ce dernier système, il devrait être statué par une loi sur le taux de la progression.

Cette proposition, réduite à deux articles par la commission de la Chambre, ne vint en discussion que le 9 février 1889. La commission semblait avoir moins de confiance en elle-même qu'en la perspicacité des municipalités entre lesquelles un programme de recherches était mis au concours (1).

Cependant, grâce à l'appui de M. Frédéric Passy et de M. Lyonnais, rapporteur à la place de M. Yves Guyot, devenu ministre des Travaux publics, les objections de M. Arnous n'entraînèrent pas la Chambre. Les défenseurs de la proposition de loi acceptaient la suppression facultative des octrois, sous réserve de l'approbation législative ; parce qu'au moins la question ne serait pas enterrée et reviendrait fatalement chaque fois qu'une Commune demanderait au Parlement l'autorisation de remplacer son octroi par des taxes directes autres que

(1) *Journal officiel*. Chambre. Débats parlementaires. Session ordinaire, 1889, p. 364.

les centimes additionnels établis sur les contributions. Avec la nouvelle loi, pensaient les partisans sincères de l'abolition des octrois, un progrès était pourtant réalisé, car un ministre ne pourrait plus écrire la lettre qu'adressait M. Floquet, le 14 août 1888, en réponse à une délibération du conseil municipal de Lyon :

« Les nouvelles taxes proposées n'étant pas conformes au système d'impôt consacré par la législation actuelle, la délibération sus-mentionnée n'est pas susceptible d'être approuvée, quant à présent » (1).

Aux termes de la nouvelle loi, dont le caractère essentiel était d'exciter en France les habitudes de politique expérimentale, toute délibération d'un conseil municipal, remplaçant les tarifs d'octroi par des taxes directes, ne pouvait plus rester lettre morte. Elle devait venir devant le Parlement, y être discutée, amendée, peut-être adoptée complètement, en tout cas servir de base à la réforme générale des octrois.

La Chambre vota la proposition de loi, le 11 mars 1889, en première lecture (2).

(1) Des Cilleuls, *Des taxes de remplacement de l'octroi*, p. 21.

(2) *Journal officiel*. Chambre. Débats parlementaires. Session ordinaire, 1889, p. 539. Voici le texte adopté :

« Article 1er. — Les Communes pourront remplacer leurs octrois en tout ou partie par des taxes directes sous réserve de l'application législative et en outre sous les conditions suivantes ; ces taxes ne devront être prélevées que sur des objets ou propriétés situés dans la Commune ou du revenu en provenant.

« Elles devront s'appliquer à toutes propriétés, objets ou revenus de même nature. Elles devront être assises sur des propriétés ou objets tangibles ou des signes apparents de richesse.

« Elles devront être proportionnelles.

« Article 2. — Les taxes directes prévues par la présente loi seront assises et perçues et les réclamations comme en matière de contributions directes. »

La délibération de la Chambre aurait eu tous les résultats ci-dessus énoncés, si ce n'avait été une première délibération. La Chambre avait omis, intentionnellement ou non, de voter l'urgence. Le Sénat ne put se prononcer avant la fin de la législation et la proposition Yves Guyot devint caduque.

La fatalité semblait s'attacher à cette réforme. Néanmoins, la proposition Menier-Yves-Guyot fut reprise à la législature suivante, par MM. Guillaumou et Guillemet. La Chambre renvoya les deux propositions à une commission spéciale chargée de les examiner, laquelle nomma M. Guillemet rapporteur.

Les conclusions de ce dernier sont tout à fait différentes de celles de M. Yves Guyot.

En 1889, ce dernier avait pris sous sa responsabilité personnelle le système de remplacement par la taxation de la valeur vénale de la propriété ; mais comme rapporteur, puis comme ministre, il s'était cantonné dans la défense du projet de la commission, qui consistait à remettre aux municipalités le droit de remplacer leurs octrois non plus seulement par des centimes additionnels, mais par des taxes directes.

M. Guillemet jugea la question suffisamment importante pour mériter un rapport consciencieux et approfondi. Il le déposa sur le bureau de la Chambre le 7 avril 1892 (1). Après avoir analysé les législations étran-

(1) *Journal officiel*. Débats parlementaires. Chambre. Session ordinaire, 1892, p. 815.

gères et les critiques françaises, le rapporteur examina les divers systèmes proposés en France pour arriver à la suppression des octrois. Et il ne se contenta pas d'une vaine œuvre de démolition, il offrit des matériaux de reconstruction. Il ne dit pas aux municipalités : « cherchez, » mais choisissez, et pour garnir son étalage de taxes de remplacement, il s'efforça de n'y mettre que des taxes possibles, susceptibles de réunir les suffrages de ses collègues et n'atteignant pas l'incompressible budget national. Afin d'éviter les grosses discussions, il commença par faire bon marché de sa propre proposition supprimant les bouilleurs de cru et augmentant le droit de l'alcool au bénéfice de l'État et abandonnant aux Communes les trois contributions : personnelle, mobilière, des portes et fenêtres et des patentes.

De même il écarta les propositions de M. Glais-Bizoin, Courcelles, Lemoyne et Boiteau pour raison d'Etat parce qu'elles supposaient un remaniement complet des impositions.

Quant à l'impôt sur le capital de M. Menier et l'éloquente reprise de ses idées par M. Yves Guyot, elles séduisirent M. Guillemet à cause de la rente foncière *servie* aux propriétaires urbains, les seuls à profiter largement des améliorations locales payées par les impôts indirects.

La commission n'osa pas suivre ses propositions relatives à l'énumération des taxes directes que les Communes devaient substituer à leurs droits d'octrois. Voici ce que proposait le rapporteur :

« Les Communes auront le droit de remplacer leurs octrois, en tout ou en partie, sous réserve de l'approbation législative, par des taxes choisies parmi les suivantes : centimes additionnels aux quatre contributions ; taxe sur la valeur vénale de la propriété, taxe sur la valeur locative, taxe sur les revenus, impôts de superficie, droits de place calculés au mètre cube, taxe sur les constructions, sur les chevaux, hôtels, cafés, restaurants, les étrangers (dans les villes d'eaux), les domestiques, taxe sur les mutations par décès, taxe de pavage, d'entretien des rues. »

La commission s'arrêta aux premiers mots, juste avant l'énumération des taxes, et, le 4 mai 1893, la Chambre sanctionna, presque sans débat, le texte suivant (§ 1er de l'article 1er) : « Les Communes auront le droit de remplacer leurs octrois en tout ou en partie sous réserve de l'approbation législative par des taxes directes. »

Ce projet ainsi libellé se bornait à poser un principe purement théorique. Il n'obligeait pas les Communes à faire la réforme dans un délai déterminé ; il ne donnait en réalité aucun moyen pratique de réaliser cette mesure. Ainsi voté il fut adressé au Sénat qui le renvoya à une commission dont M. Bardoux fut nommé rapporteur.

M. Guillemet tenta une seconde fois de faire agréer par la Chambre l'énumération des taxes que les Communes auraient le droit de prendre, le 22 novembre 1895, lorsqu'il soumit son rapport sur les propositions de MM. Cot, Mas et G. Berry, relatives à l'abolition des taxes d'octroi sur les boissons hygiéniques (vins, cidres, bières, poirés et hydromels).

La Chambre n'accepta pas d'énumération et renouvela son vote du 4 mai 1893, en l'appliquant spécialement aux boissons hygiéniques et ajoutant seulement que le tarif d'octroi sur les boissons hygiéniques devrait avoir disparu au plus tard le 31 décembre de l'année qui suivrait celle au cours de laquelle la loi aura été promulguée.

Cependant il convient de reconnaître, d'autre part, que le vote du 22 novembre 1895 était une réponse aux conclusions de la commission d'octroi du Sénat (1).

Celle-ci avait écarté le vote de la Chambre du 4 mai 1893, qui encourageait la suppression globale ou partielle de tout l'octroi, et proposait simplement la faculté, pour les Communes, de supprimer ou de réduire les tarifs sur les boissons hygiéniques au moyen de taxes par trop limitativement déterminée.

Les viticulteurs du midi agissant de leur côté en vue d'une solution favorable à leurs intérêts, le Sénat, à leur incitation, avait ouvert une grande enquête sur les projets de suppression des octrois et accessoirement sur l'abolition des droits frappant les boissons hygiéniques.

Les résultats ne furent pas conformes au désir de ceux qui avaient provoqué cette enquête. M. Bardoux déposa en effet un rapport sur le bureau du Sénat dans lequel il examinait la situation au point de vue pure-

(1) *Journal officiel*. Débats parlementaires. Chambre. Session extraordinaire, 1895, p. 211.

ment restrictif de la suppression de certains droits sur les boissons hygiéniques. Il basait ses conclusions sur les dépositions des 21 administrations municipales qu'il avait consultées, prétendant que celles-ci ne voulaient pas de l'abolition des octrois. Le Sénat, ou plus justement la Commission sénatoriale, écartant le vote de la Chambre du 4 mai 1893, n'envisageait plus l'abolition globale de l'octroi, ni même la suppression partielle de certaines taxes au choix des municipalités. On se bornait à accorder aux Communes la faculté de supprimer ou de réduire les droits frappant les boissons hygiéniques au moyen de taxes de remplacement déterminées limitativement.

Les conclusions tirées par la commission du Sénat de son enquête et cette enquête même furent attaquées à la Chambre par les partisans du dégrèvement total et obligatoire des droits d'octroi sur les vins. M. Cot, dans la séance du 22 novembre 1895, déclara qu'il s'était livré à une sorte de contre-enquête. Il prétendait que l'examen des comptes administratifs des diverses municipalités consultées, et de celui de leur situation financière, il s'en trouvait même parmi celles qui avaient protesté le plus vivement contre la suppression de la taxe d'octroi, une quantité, chez lesquelles cette privation de revenus aurait pu être remplacée immédiatement.

En effet, de la consultation des 21 municipalités auxquelles s'était adressé M. Bardoux, il résulte que tout aux plus six, Bordeaux, Nancy, Lille, Nice, Calais et Chambéry, ont répondu négativement, et encore Nancy,

Nice et Chambéry s'associent aux autres cités, sauf le Hâvre et Nantes, en vue d'obtenir l'aide financière de l'État.

Presque toutes les villes, surprises par la demande de l'avis, n'étaient pas prêtes à répondre et se sont placées surtout dans le cas d'une suppression totale prochaine. Leurs réponses furent donc prudemment plus ou moins évasives ou dilatoires à Rouen, à Reims et à Bar-le-Duc; mais chez toutes il était facile de discerner des taxes de remplacement pour tout ou partie, forcément dissemblables, cependant possibles et avantageuses.

La conclusion est que la majorité des villes a répondu avec circonspection sur le mode de taxes à percevoir, et qu'elle a spirituellement répliqué aux mandataires nationaux qu'il serait désirable peut-être que, si des réformes doivent être appliquées à l'ensemble de notre système d'impôts, elles précédassent celles que pourraient faire les municipalités elles-mêmes. M. Bardoux lui-même a admis la justesse de cette dernière thèse, puisqu'il a protesté contre le maintien des droits de détail, d'entrée et de circulation au profit du Trésor (1).

La commission sénatoriale et son rapporteur ne voulurent pas laisser appliquer cette grande vérité, qui se trouve latente et éclatante dans toutes les opinions émises par les maires, à savoir : que tel régime fiscal peut convenir à telle ville et non à telle autre, étant donnée sa situation financière ou économique. Il fallait

(1) *Journal officiel*. Documents parlementaires. Sénat. Session ordinaire, 1894, p. 240.

adopter un système de remplacement. On choisit deux surtaxes (alcool et licence) qui pouvaient plus ou moins être adoptées aux besoins de toutes les Communes. A défaut d'une compensation par les taxes ci-dessus du dégrèvement partiel des boissons hygiéniques, les Communes pourraient avoir recours aux centimes additionnels sur les quatre contributions directes, sans que ceux-ci puissent dépasser le chiffre de vingt.

Enfin pour la centaine de Communes qui, après avoir relevé, dans les limites du tarif type, leurs taxes sur les combustibles, fourrages et matériaux, ne parviendraient pas à combler le déficit, elles pourraient être autorisées, sous réserve de l'approbation législative, à établir de très modestes taxes directes.

A Paris, M. Bardoux applique des mesures spéciales et pousse la précaution restrictive contre la capitale jusqu'à indiquer pour elle les seules taxes directes auxquelles elle pourra avoir recours (chevaux, voitures, mules et mulets, billards, vélocipèdes, cercles, sociétés et lieux de réunions, chiens).

Enfin le paragraphe huit de son rapport introduit la réforme très morale de la suppression de la ferme ou de la régie intéressée.

Le rapport Bardoux fut déposé sur le bureau du Sénat à la séance du 19 juillet 1893. Il vint en discussion le 3 juin 1897 (1) le Sénat le vota intégralement le 25 juin suivant (2).

(1) *Journal officiel*. Débats parlementaires. Sénat. Ses. ord., 1897, p. 917.

(2) *Journal officiel*. Débats parlementaires. Sénat. Ses. ord., 1897, p. 1049.

Entre temps, c'est-à-dire entre la distribution du rapport Bardoux et le vote approbatif du Sénat, la Chambre discuta le régime national des boissons, mais la réforme n'aboutit pas, par suite des rivalités entre les bouilleurs de cru et les distillateurs. La Chambre vota pourtant un projet de M. Vallé, en faveur de l'abolition de tous droits (détail, entrée, circulation) sur les boissons hygiéniques. Et pour remplacer ceux-ci, bien qu'elle n'admît pas le monopole absolu de l'alcool tel que l'avait proposé M. Édouard Vaillant, elle accepta le monopole de la rectification proposée par M. Vallé, et en attendant la surcharge des droits d'État sur l'alcool, elle refusa d'augmenter les licences. Le Sénat rejeta le monopole de rectification, rétablit le droit de circulation et décida le doublement des licences en province et leur introduction à Paris.

Cependant, les pays producteurs de vins réclamant très énergiquement l'accomplissement des promesses faites par leurs élus, le Parlement, peu de mois avant les élections générales, voulut donner aux régions intéressées, à défaut de la réforme promise, tout au moins un commencement de dégrèvement.

Tronquée et mutilée revenait devant la Chambre la proposition de loi votée par elle quatre ans avant, et qui portait encore comme entête, sans doute par antiphrase : *suppression des droits d'octroi sur les boissons hygiéniques.*

M. Guillemet, de nouveau rapporteur, tout en appréciant à sa juste valeur le projet sénatorial et en mêlant à ses regrets de voir abandonner ses idées qu'il avait si brillamment développées dans son rapport de 1892, le désir de permettre aux Communes de faire un pas dans la voie des réformes, soutint le texte voté par le Sénat en y faisant certaines réserves.

Lorsque le projet vint en discussion à la Chambre (1), à la séance du 26 novembre 1897, M. Édouard Vaillant et Jules Guesde proposèrent successivement, sans résultat, le premier, la faculté pour les Communes de choisir librement leurs taxes de remplacement de l'octroi sous la réserve de l'approbation législative; le second, l'obligation pour les Communes d'avoir à supprimer, dans le délai d'un an, tous les droits sur les boissons hygiéniques et les denrées alimentaires sous la réserve de l'acceptation des taxes de remplacement par les électeurs directement consultés; cet essai de référendum populaire fut repoussé.

M. Georges Berry eut plus de chance; il réussit à faire adopter, du moins en principe, la liberté pour les Communes de choisir leur taxe de remplacement et, comme conséquence, la disparition de l'ordre de priorité inauguré par le Sénat de la hiérarchie suivant laquelle les taxes de remplacement auraient dû être impérativement appliquées. Sous réserve toutefois de la sanction législative précédée d'une sorte de contrôle du Conseil d'État (article 137 de la loi du 5 avril 1884), la Chambre laissa les Communes maîtresses de se mouvoir et d'apprécier librement les taxes s'accordant aux convenances locales.

(1) *Journal officiel*. Débats parlementaires. Chambre. Session ordinaire, 1897, pp. 2593 et suivantes.

La Ville de Paris fut assimilée aux autres Communes. Finalement, la Chambre vota la loi le 3 décembre 1897 (1), elle fut promulguée le 29 décembre de la même année (2).

§ 2. — *Loi du 29 décembre 1797, relative à la suppression des taxes d'octroi sur les boissons hygiéniques.*

ARTICLE PREMIER. — Les Communes seront autorisées à supprimer leurs droits d'octroi sur les boissons hygiéniques (vins, cidres, poirés, hydromels, bières et eaux minérales) à partir du 31 décembre de l'année qui suivra celle au cours de laquelle la présente loi sera promulguée.

A défaut de suppression totale, les Communes seront obligées d'abaisser les droits existants dans les limites des tarifs prescrits à l'article 2.

ARTICLE 2. — Dans les Communes qui continueront à imposer les boissons hygiéniques, les droits ne pourront excéder le tarif suivant :

Vins en cercles et en bouteilles, par hectolitre :

AGGLOMÉRATIONS :	
De moins de 6.000 habitants	0f,55
De 6.001 à 10.000 habitants	0, 85
De 10.001 à 15.000 habitants	1, 15
De 15.001 à 20.000 habitants	1, 40
De 20.001 à 30.000 habitants	1, 70

(1) *Journal officiel.* Débats parlementaires. Chambre, 1897, p. 2715.

(2) *Journal officiel* du 31 décembre 1897, p. 7416.

De 30.001 à 50.000 habitants...........	2, 00
De 50.001 habitants et au-dessus.........	2, 25
Paris................................	4, 00

Cidres, poirés, hydromels et eaux minérales par hectolitre :

AGGLOMÉRATIONS :

De moins de 6.000 habitants............	0f, 35
De 6.001 à 10.000 habitants.............	0, 50
De 10.001 à 15.000....................	0, 60
De 15.001 à 20.000....................	0, 85
De 20.001 à 30.000......	0, 95
De 30.000 à 50.000....................	1, 15
De 50.001 et au-dessus.................	1, 25
De Paris.............................	1, 50

En ce qui concerne les bières, le maximum du droit imposable est fixé à cinq francs (5 fr.), sauf dans les départements ci-après : Aisne, Ardennes, Nord, Pas-de-Calais et Somme, où le maximum ne pourra dépasser 1,50 par hectolitre. Pour les vins titrant plus de 14 degrés, il n'est pas dérogé aux dispositions de l'article 3 de la loi du 1er septembre 1871.

Article 3. — Pour remplacer le produit des taxes supprimées, les Communes pourront avoir recours aux taxes prévues dans l'article 4.

Article 4. — Les taxes auxquelles les Communes peuvent recourir, sous la seule réserve de l'approbation préfectorale, sont les suivantes :

1° Élévation du droit sur l'alcool jusqu'au double des droits d'entrée, décimes compris, addition du droit actuel de 24 francs, augmenté au maximum de 85.20.

Dans les Communes d'une population inférieure à

4.000 âmes, le tarif d'octroi sur l'alcool ne pourra pas dépasser le maximum applicable aux villes de 4.000 à 6.000 âmes.

2° Établissement à la charge des commerçants de boissons d'une licence municipale ;

3° Perception d'une taxe maxima de 0,30 centimes par bouteille sur tous les vins en bouteille, qui ne se cumulera pas avec celle applicable aux vins en cercles.

4° Création de taxes égales, au maximum, aux taxes en principal établies, déduction faite des majorations résultant de pénalités :

a) Sur les chevaux, mules, mulets, voitures et automobiles ; *b*) sur les billards ; *c*) sur les cercles, sociétés et lieux de réunion ; *d*) sur les chiens. Enfin les Communes pourront établir des centimes additionnels dont le nombre ne dépassera pas 20.

Art. 5. — Les Communes pourront également pourvoir au remplacement de leurs taxes d'octroi en établissant, selon les formes et conditions de l'article 137 de la loi du 5 avril 1884, et sous réserve de l'approbation législative, des taxes directes et indirectes. Les taxes directes ne seront prélevées que sur les propriétés ou objets situés dans la Commune ; elles s'appliqueront à toutes les propriétés ou à tous les objets de même nature. Elles seront proportionnelles.

Art. 6. — Tous les tarifs d'octroi seront, en conséquence, revisés dans un délai de deux ans, à partir du 1er janvier qui suivra la promulgation. Lorsque les taxes de remplacement autorisées dépasseront le montant du dégrèvement total sur les boissons hygiéniques, l'excédent pourra être employé au dégrèvement d'autres objets du tarif.

Art. 7. — Les Communes qui ne perçoivent pas de taxes sur les boissons hygiéniques pourront être autorisées à établir un droit de licence et à percevoir des taxes sur l'alcool.

Art. 8. — A partir de la promulgation de la loi, il ne pourra plus être perçu de taxes sur les boissons hygiéniques dans les villes où il n'en existe pas, et ces taxes, dans celles où elles existent, ne pourront être surélevées.

Art. 9. — Les villes qui supprimeront leurs droits d'octroi sur les boissons hygiéniques obtiendront une réduction égale pour le paiement des frais de casernement, en prenant pour base les deux tiers du taux de la consommation moyenne de la population soumise à l'octroi.

Tel est le dernier texte législatif relatif aux taxes d'octroi.

Cette loi consacre plus ou moins explicitement :

1° La faculté de supprimer toutes les taxes d'octroi (article 5);

2° L'incitation de supprimer tous les droits sur les boissons ;

3° L'obligation de réduire au moins ces derniers dans des délais et selon les maxima déterminés ;

4° La liberté de choisir des taxes de remplacement. Parmi celles-ci les surtaxes sur les chiens, chevaux, voitures, billards, cercles, sont loin de pouvoir suffire au dégrèvement; la taxe maximum de 30 centimes sur les vins en bouteilles est un peu illusoire, car, pour échapper à cette taxe, on peut faire entrer les vins en fût. Les licences sont susceptibles de donner un rendement plus sérieux, mais les commerçants en boissons se plaindraient, non sans raison, qu'on fasse retomber sur eux seuls tout le poids d'une réforme qui, devant profiter à tout le monde, devrait être répartie sur chacun. Ils ont déjà une licence de l'État, et sont grevés par une patente; bien peu de municipalités oseront passer outre et imposer cette surcharge à une Commune dont l'importance électorale n'est pas une quantité négligeable.

Reste donc la taxe sur l'alcool. C'est évidemment celui-ci qui servira de rançon au dégrèvement plus ou moins complet des boissons hygiéniques. Les moralistes et hygiénistes s'en félicitent d'avance et voient une cause de relèvement moral de l'humanité. Mais il faut considérer que l'élévation de ce droit constitue presque toujours une prime à la fraude.

Alors, pour parer à ces mécomptes, les municipalités seront obligées de recourir aux taxes directes ou indirectes à établir sur les propriétés ou objets situés dans la Commune. Ici le choix est encore plus limité et plus délicat que dans l'hypothèse de l'article 4:

On ne peut guère frapper, pour obtenir un produit sérieux, que les propriétés, les objets mobiliers, les denrées alimentaires ou les matériaux. Mais l'incidence de ces taxes mettrait les municipalités dans une situation assez compliquée pour trouver une taxe de compensation productive et équitable tout à la fois.

Nous allons examiner comment cette loi a été appliquée.

§ 3. — *Application par la ville de Paris.*

La loi du 29 décembre 1897, dégrevant les boissons, a posé de nouveau une question à laquelle le conseil municipal de Paris n'est jamais resté indifférent. Bien au contraire la tradition constante de l'Hôtel de Ville a toujours été en faveur de l'abolition de tous les droits d'octroi.

Dès l'année 1877, le conseil adoptait les conclusions d'un rapport de M. Outin sur une proposition de M. Ernest Lefèvre et de plusieurs de ses collègues, tendant à réduire les taxes de consommation, notamment les droits sur les vins.

Le 20 octobre 1879 (1), M. Léon Rety déposait une proposition invitant M. le préfet de la Seine à entrer en négociation avec M. le ministre des Finances à l'effet d'obtenir une réduction des droits d'entrée, la Ville de Paris, prenant l'engagement de consentir un dégrèvement égal à celui de l'État. Dans une lettre datée du 23 janvier 1880, M. Magnin, ministre des Finances, à M. Hérold, préfet de la Seine, s'engageait à demander aux Chambres une réduction de 11 fr. 87 à 10 francs de la taxe sur les vins à Paris et de 5,75 à 5 francs de celle sur les cidres, si, de son côté, la Ville consentait à abaisser la taxe d'octroi sur les vins de 12 à 10 francs et sur les cidres de 4,50 à 4 francs.

(1) *Bulletin municipal de la Ville de Paris.* Délibération du Conseil, 1879, p. 173.

Le 17 février 1880, M. le préfet de la Seine soumettait au conseil municipal les propositions du ministre des Finances et faisait remarquer que leur acceptation occasionnerait au budget municipal une diminution de recettes de 9 millions environ, et proposait au conseil de rechercher l'équivalent de cette perte dans une autre taxe qui pèserait moins que l'octroi sur la population peu aisée et même nécessiteuse. Il concluait à l'établissement de 19 nouveaux centimes additionnels aux contributions directes. La question de la substitution partielle d'une taxation directe à l'octroi était donc posée (1). Le débat s'ouvrit le 29 mai 1880, au conseil municipal, et le 8 juin suivant il adoptait, par 41 voix contre 25, le projet de M. Yves Guyot, qui rentrait complètement dans la délibération dont l'article premier est le suivant : « Une taxe de 2 pour 1.000 sera établie sur la valeur vénale des terrains bâtis ou à bâtir et de tous les établissements particuliers, quelle qu'en soit la destination. Les produits de cette taxe seront employés à la suppression ou à la réduction des taxes d'octroi. Le ministre des Finances ne donna aucune suite à la délibération. Mais les conseillers municipaux ne cessèrent de réclamer dans leurs programmes l'abolition de l'octroi.

Le 23 avril 1884, M. Manier déposait une proposition stipulant l'abolition de l'octroi et son remplacement par une taxe spéciale et progressive sur les successions au delà de 10.000 francs (2).

(1) *Bulletin municipal de la Ville de Paris*, 1880. Délibération du Conseil, p. 34.
(2) *Bulletin municipal officiel de la Ville de Paris*, 1884-1886, p. 71.

Deux ans après, le 19 février 1886, MM. Patenne et Alphonse Humbert déposaient un vœu: en faveur de la suppression des taxes sur les consommations et leur remplacement par un impôt sur le capital ou le revenu. Ces manifestations ne furent pas suivies d'études et aucun rapport ne les développa (1).

En 1887, M. Daumas déposait une proposition d'établissement d'une taxe, calculée au mètre cube et assise sur la propriété bâtie. Tout terrain bâti eût été frappé pour le cube de construction qu'il supportait. Calculé hors d'œuvre: les terrains non bâtis clos ou non eussent été divisés en deux classes: *a*) les parcs et jardins de plaisance taxés comme supportant une construction de 4 mètres de hauteur; *b*) les terrains nus ou cultivés taxés comme supportant une construction de 2 mètres de hauteur.

Le conseil municipal vota, le 8 mai 1893, par 61 voix contre 1, un vœu en faveur de l'adoption des conclusions du rapport Guillemet au Parlement. En 1895, à l'occasion du dépôt du rapport de M. Bardoux au Sénat, le conseil municipal s'occupa de nouveau de la question et prit une délibération par laquelle il: *a*) persistait à revendiquer pour la Ville de Paris la liberté de choisir des taxes de remplacement acceptables pour réaliser progressivement la suppression intégrale de l'octroi, maintenant ses délibérations antérieures contre la réforme partielle et limitée; *b*) il protestait avec la plus grande énergie contre l'extension à Paris de la licence du Trésor et contre l'établissement de licences muni-

(1) *Bulletin municipal officiel de la Ville de Paris*, 1893, p. 82.

cipales ; *c*) il invitait le Parlement à faire état des recettes du monopole de l'alcool pour aider la Ville dans la réforme de son octroi sur les boissons, la réforme ainsi opérée n'exigeant pas la création d'impôts nouveaux dont l'incidence menace toujours d'atteindre ceux-là mêmes qu'on a eu l'intention d'exonérer.

Cette délibération contenait par anticipation toutes les critiques que l'on peut adresser à la loi du 29 décembre 1897, sur le dégrèvement partiel des boissons hygiéniques et en même temps posait le principe de la véritable réforme possible assurée par le concours financier de l'État.

Quoi qu'il en soit, cet exposé démontre que la tradition était ancienne et continue au conseil municipal de Paris. Le sentiment unanime des édiles parisiens était si vif que, en qualité de conseillers généraux, ils émirent à plusieurs reprises des vœux défavorables à l'établissement ou à la prorogation de taxes d'octroi dans les communes suburbaines (1).

Sans fermer les yeux sur le mécompte que la réalisation inopinée de son désir pouvait causer relativement aux recettes d'octroi prévues pour 1899 et pour 1900, le conseil municipal ne chercha pas à esquiver l'application de la loi du 29 décembre 1897.

(1) En effet, d'après l'article 137 de la loi municipale, un avis préalable du conseil général est exigé pour l'approbation des délibérations portant augmentation ou prorogation de taxe pour une période de plus de cinq années. Dans la Seine, le conseil général se compose de 80 conseillers municipaux de Paris, membres de droit, et des 21 conseillers suburbains, dont le nombre est égal à celui des cantons.

Bien au contraire, il manifesta une fois de plus ses précédentes opinions et marqua sa volonté ferme d'aboutir en invitant le préfet, sur motion de M. Grebauval, à proposer au conseil, dès le commencement de la première session de 1898, un projet de taxes de remplacement :

1° Pour la suppression complète de l'octroi ;

2° Pour le total des droits actuellement perçus sur les boissons hygiéniques ;

3° Pour la somme correspondant au dégrèvement obligatoire aux termes de la loi adoptée par le Parlement.

En même temps, avec le même mandat était nommé une commission spéciale dite des taxes de remplacement ayant M. Pierre Baudin comme président et M. Adrien Veber, comme secrétaire rapporteur. Elle était complétée par des délégués des six commissions permanentes, mais on avait eu l'idée singulière d'instituer sur cette question complexe de la création de taxes une sorte de referendum populaire.

Le conseil avait invité les habitants de Paris à étudier la question du remplacement total ou partiel des octrois par d'autres taxes. Les mémoires relatifs à cette étude devaient être déposés à la préfecture de la Seine avant le 1er mars 1898.

L'appel fait au concours des citoyens pour réaliser la réforme de l'octroi n'a donné que de médiocres résultats ; en y réfléchissant, on conçoit aisément qu'il n'en pouvait être autrement. Le conseil municipal a oublié que le referendum, s'il peut être un expédient plus ou moins admissible pour faire trancher par oui ou par non une simple question, n'est pas une méthode d'étude acceptable.

Dans l'espèce, la population parisienne ne comprit rien du tout à la question posée et ne sut pas y répondre. Le gros public, celui qui acquitte les taxes sans s'inquiéter de savoir exactement où elles vont, s'imaginait que si le conseil municipal abolissait les taxes d'octroi sur les boissons hygiéniques, la circulation des vins, cidres, poirés et bières deviendrait absolument libre, qu'il n'aurait plus rien du tout à payer pour la consommation des boissons hygiéniques.

Il ne s'expliquait pas que les droits d'entrée fussent maintenus et un certain nombre de députés, de sénateurs et de conseillers municipaux partagèrent un moment l'illusion que l'État compléterait la réforme de l'abolition des droits d'octroi par l'abolition des droits d'entrée.

Une autre difficulté vint encore embrouiller le problème. Les droits perçus par l'octroi pour la ville sont formés de taxes et de surtaxes. Ces surtaxes, dont la perception est autorisée pour une période déterminée par la loi, ne peuvent être prorogées que par une loi. Or, une partie des surtaxes frappant les boissons venaient à expiration, et le Gouvernement, voulant ménager les intérêts vinicoles et agricoles qui avaient déterminé le vote de la loi du 29 décembre, ne prorogea les surtaxes que jusqu'au 30 juin 1898.

Il eût paru naturel que la Ville de Paris, qui perçoit à elle seule près de la moitié des droits d'octroi de toute la France fût traitée sinon avec plus de ménagements que les autres, tout au moins sur un pied d'égalité, quant au délai imparti pour l'exécution de la loi. Il est évident que la stipulation spéciale de la loi de finances de 1898; n'accordant que six mois pour exécuter la réforme, mettait la Ville de Paris dans la presque obligation d'y renoncer. Mais le conseil municipal ne se découragea pas et la commission spéciale se mit de suite à l'étude. Elle procéda à l'audition de nombreuses délégations, demanda divers renseignements à l'administration de l'octroi et à la commission des Contributions directes de la Ville de Paris; elle reçut aussi des documents de M. le président du conseil du Comté de Londres, de M. le bourgmestre de Bruxelles, de MM. les maires de Dijon, Nevers et Lyon, et 155 mémoires ou notes émanant de l'initiative privée.

Ces propositions furent l'objet d'une étude d'ensemble qui permet à la commission d'acquérir la conviction que, sauf le taux à imposer, les mêmes modes de taxation directe nouvelle se retrouvaient en plus ou en moins dans tous les mémoires.

De plus, sans se conformer strictement à l'application de la loi de 1897, la commission étudia le projet d'abolition totale de l'octroi. Elle divisa sa réforme en deux étapes, la première se limitant au dégrèvement des boissons hygiéniques; la deuxième ayant trait à la totalité des autres taxes. La commission ne crut pas devoir prendre en considération les différentes réclamations qu'elle reçut en réponse à son idée de la suppression totale. En effet, la chambre des propriétaires ne voulait évidemment pas de taxe sur la propriété et par mesure de précaution réclamait simplement le dégrèvement obligatoire. La chambre syndicale des négociants en bouchons et en bouteilles voulait qu'on frappât d'un droit les vins entrant en bouteilles. La chambre syndicats des carrossiers protestait contre toute imposition des voitures. La chambre des débitants de vin n'acceptait ni grosse surtaxe sur l'alcool ni surtout de licences, mais promettait de faire profiter le consommateur de l'intégralité du dégrèvement.

Laissant de côté ces difficultés, la commission proposait la mise en exécution de la première étape au 1er janvier 1899 et celle de la deuxième à partir du 1er janvier 1901. Elle pensait d'un autre côté qu'il fallait choisir telle ou telle taxe suivant que son taux serait destiné à remplacer tel ou tel tarif frappant un objet de consommation générale ou particulière et qu'il était inutile de supprimer l'octroi pour le plaisir d'avoir un rendement incertain.

La commission proposait les taxes suivantes pour la 1re étape, c'est-à-dire la suppression des droits sur les boissons hygiéniques :

1. Impôt sur la propriété bâtie.

Taxe municipale de 4 0/0 sur le revenu net des propriétés ; soit sur 625 millions......... 25.000.000

2. Impôt locatif.

Taxe de 2 0/0 sur la valeur locative des locaux commerciaux évaluée à 778 millions et de 1.78 0/0 sur la valeur des usines évaluée à 22 millions............................. 15.951.600

3. Taxe municipale sur les successions ouvertes à Paris (3 décimes au principal des droits de l'État, le décime vaut 3.600.000 francs)	10.800.000
4. Taxe municipale sur les cercles, sociétés, égale au principal perçu par l'État...........	630.000
5. Majoration de 1/3 de la taxe de balayage.	1.000.000
6. Suppression du rachat des cotes personnelles mobilières par l'octroi................	4.600.000
Total.......	57.981.600

Le projet ci-dessus fut voté tel quel au conseil municipal de Paris qui inséra dans sa délibération l'énumération des taxes nécessaires à l'abolition totale des octrois et qui formaient la deuxième étape du projet de la commission.

Ces taxes sont les suivantes :

1. Taxe de 0.55 0/0 sur la valeur vénale du sol bâti ou non bâti......................		33.000.000
2. Taxe municipale sur le cube des constructions nouvelles.........................		6.000.000
3. Deux nouveaux décimes aux successions.		7.200.000
4. Impôt locatif.........................		16.000.000
5. Taxe sur les chevaux, voitures, etc......		6.000.000
6. Taxe d'assistance publique assise :		
a) sur 40 centimes additionnels au principal des patentes.............	10.340.000	
b) 1 0/0 en sus sur les loyers.	7.975.000	
c) 2 0/0 en sus du revenu. net des propriétés bâties......	12.500.000	30.815.000

7. Taxe d'incendie :

Cette taxe comprend trois éléments :

a) Portion incombant au propriétaire :

5 centimes au principal de la contribution fon-

cière (le centime vaut 179.170 fr.)	895.850	
b) Portion à la charge des habitants 2 centimes 1/2 au principal de la contribution personnelle mobilière (le centime vaut 136.178 fr.)	341.795	
c) Portion incombant aux compagnies d'assurances : taxe de 2 fr. par 100.000 francs de capital assuré sur 104 milliards environ........	2.080.000	3.317.645
Total général....		102.132.645

Le dégrèvement total fut accepté par le Gouvernement qui s'engageait à le défendre devant le Parlement intégralement sur les points suivants :

1. Majoration de 1/3 de la taxe de balayage.

2. Création d'une taxe égale à celle de l'État sur les cercles.

3. Création d'une taxe de 2.666 p. 100 sur le revenu net des propriétés bâties.

4. Suppression du prélèvement de l'allègement de la contribution personnelle.

Mais pour la taxe sur les successions, il déclara ne pouvoir admettre qu'une surtaxe communale d'un décime 1/4.

Le projet de loi déposé par MM. Dupuy et Peytral fut approuvé par la commission du budget et vint en discussion au mois de décembre 1898 à la Chambre. Mais le rejet de la taxe successorale par celle-ci fut le commencement de l'enterrement de la réforme. La Chambre refusa de passer à l'examen de la taxe foncière, qui en était la clef de voute.

Dans ces conditions il ne restait plus qu'à appliquer

à Paris tout au moins le sursis d'un an précédemment voté pour les villes de province.

§ 4. — *Avortement de la loi du 29 décembre 1897.*

Le sort de la loi sur le dégrèvement des boissons ne fut pas brillant ; elle ne put recevoir son application dans le délai prévu, c'est-à-dire le 31 décembre 1898.

Les Communes se déclaraient dans l'impossibilité d'opérer le dégrèvement obligatoire, et aucun des projets dressés par certaines n'obtint le complet agrément des pouvoirs publics. Seule la Ville de Paris fut en mesure de faire produire son projet devant le Parlement. Aussi le 24 décembre 1898, fut voté une loi ajournant l'application de la loi du 29 décembre 1897 ; on espérait que ce délai donnerait aux Chambres la faculté de voter enfin la réforme des boissons.

Mais au 29 juin 1899 il restait encore 507 Communes qui ne s'étaient pas conformées à la loi. Ces Communes se seraient heurtées aux difficultés les plus grandes. Il apparaissait d'ailleurs de plus en plus que la réforme devait être résolue dans son ensemble. Les dégrèvements partiels ne procurent aux consommateurs et aux producteurs que des résultats à peine sensibles et troublent gravement les budgets communaux.

Comment ne pas reconnaître que les frais de perception des octrois sont en rapport direct avec l'étendue du territoire des villes et varient très peu avec l'importance des taxes à percevoir. C'est la totalité des droits d'octroi perçus par les villes et des droits d'entrée perçus par le Trésor, dont il aurait fallu chercher la suppression.

Il est évident que le législateur de 1897 a poursuivi un but excellent; ce but était double. Il a voulu permettre aux viticulteurs de vendre plus facilement leurs produits. Il a voulu en outre permettre aux consommateurs pauvres et malheureux qui achètent les boissons au détail de se les procurer à meilleur marché, de façon à remplacer sur la table, par des boissons saines et réconfortantes, les breuvages frelatés qu'une fraude, souvent impunie, jette sur le marché de la consommation générale.

Ce résultat a-t-il été atteint? Non. Tous les maires des Communes à octroi pourraient l'attester. Quel est le dégrèvement sur la consommation au détail qui a été apporté par la loi de 1897 ? Ce dégrèvement est de quelques centimes sur un litre de vin et quelque fois même d'une fraction de centime dans certaines communes.

Comment le petit consommateur pourrait-il obtenir ses boissons à meilleur marché alors que le dégrèvement n'influence le prix de vente que dans cette infime proportion? Le second but n'a donc pas été atteint dans un grand nombre de localités. En maintenant les barrières à la porte des villes, la loi de 1897 a laissé subsister la gène contre laquelle tout le monde s'élève.

La loi du 29 juin 1899 a donné jusqu'au 31 décembre 1900 un nouveau sursis pour l'application de la loi de 1897. Aujourd'hui les difficultés sont les mêmes qu'il y a deux ans et les municipalités se trouvent également embarrassées dans le choix des taxes de remplacement.

Et ceci n'a rien d'étonnant, car en votant la loi sur les boissons hygiéniques, avant d'aborder la réforme des boissons, le Parlement a mis la charrue avant les bœufs. L'État doit donner l'exemple en supprimant ses droits d'entrée.

CHAPITRE III

VOIES ET MOYENS

Malgré ses imperfections, la loi du 29 décembre 1897 a fatalement sapé les octrois dans leurs bases et rendu leur suppression totalement obligatoire à brève échéance.

Par la force des choses, la disparition des octrois s'accomplira; nous n'en voulons pour preuve que toutes les critiques adressées à la loi de 1897, et qui montrent péremptoirement :

1° Que tout dégrèvement partiel sert uniquement les intermédiaires et peut-être les producteurs;

2° Que la loi a été faite avant tout par et pour les viticulteurs, car, dans les pays à bière ou à cidre, la bière et le cidre sont peu frappés, et leur dégrèvement ne les ferait pas consommer là où l'on préfère le vin du crû;

3° Qu'appliquer partiellement ou totalement l'enlèvement des seuls droits d'octroi sur les boissons hygiéniques favoriserait uniquement le placement du vin, sans aucun bénéfice appréciable pour le consommateur, sauf dans quelques grandes villes.

Néanmoins, nous estimons que le statu quo amélioré n'est pas suffisant et qu'il faut tenter une réforme plus complète. Pour ce faire, il est nécessaire de recourir à la participation de l'État ; mais avant d'aborder l'examen de cette question, nous allons passer rapidement en revue la manière d'être des taxes locales à l'étranger, et notamment nous examinerons le système belge dont la mise en pratique existe depuis 1860.

§ 1er. — *Taxes locales à l'Étranger.*

ANGLETERRE

En général, le Trésor public s'alimente en Angleterre par l'impôt indirect. Il porte principalement sur les alcools, les douanes, le timbre, etc... Les bourgs ou paroisses, sauf une petite exception, font face à leurs besoins au moyen de taxes locales directes. L'exception n'a lieu qu'à Londres, où l'on perçoit des droits sur le charbon, les fruits, le blé et le vin, et à Édimbourg, où l'on a établi un droit de dix ou vingt centimes sur chaque voiture de légumes qui entre dans la ville pour la consommation des habitants.

Les taxes locales ont pour origine la loi sur les pauvres, d'Élisabeth, qui n'a été longtemps que l'assurance de la propriété contre les pauvres. Elle est restée le type des autres taxes qui sont venues s'y ajouter pour de nouveaux services et reposent sur la même assiette (1).

La Commune anglaise est plus libre que la Commune française. Dans la plupart des cas, elle peut entreprendre tels travaux qu'elle juge nécessaires, sans l'auto-

(1) De Parieu, *Traité des impôts*, pp. 87 et suivantes.

risation de l'État. Parfois il lui est même loisible de se procurer des ressources complémentaires au moyen de taxes temporaires. C'est la spécialisation des taxes poussées à son ultime degré. La feuille de contributions de chaque contribuable porte qu'il a tant à payer pour la taxe des pauvres, la taxe de police, la taxe pour l'éclairage, le pavage et l'arrosage des rues, pour les égouts et les quais, pour les eaux, pour les musées, pour les asiles d'aliénés, pour les nouvelles rues, pour l'amélioration de la ville et enfin la taxe générale, destinée à pourvoir aux services d'administration réglés par le *local government act*.

Il y a encore le *church rate*, si les revenus de l'Église sont insuffisants, mais sa quotité ne peut excéder un shilling par livre, soit 1/25 du revenu annuel des contribuables soumis à la taxe des pauvres (1).

Depuis 1837, ces diverses taxes ont pour assiette la valeur annuelle du revenu net des immeubles, ceux-ci comprenant les canaux, chemins de fer, usines et carrières. Ce revenu est obtenu, déduction faite du coût probable des réparations, assurances et autres dépenses indispensables pour maintenir l'immeuble de l'occupant en état. Il est en dehors de toutes les contributions, taxes, dîmes. Cette évaluation est soumise à de fréquentes revisions.

En général, les taxes locales en Angleterre reposent sur le revenu des immeubles et ont toutes une affectation bien déterminée. Ce dernier caractère indique

(1) *Journal officiel*. Documents parlementaires. Chambre, 1892, p. 832.

l'esprit pratique anglais. En recevant sa cote, sur laquelle figurent autant d'articles qu'il y a de taxes spéciales, le contribuable peut se rendre un compte exact des frais que lui coûte chacun des services municipaux, et il se trouve ainsi amené à contrôler, en connaissance de cause, la gestion des intérêts de sa paroisse. Cette pratique est évidemment une des causes qui ont donné au peuple anglais les mœurs de liberté que nul autre peuple ne possède à un aussi haut degré. Ce contrôle l'a habitué à ne pas rester étranger aux affaires publiques.

AUTRICHE ET ALLEMAGNE

En Autriche-Hongrie, les Communes pourvoient à leurs dépenses au moyen des revenus de leurs biens patrimoniaux, et lorsqu'ils sont insuffisants, de centimes aux contributions directes. Si toutes ces ressources ne suffisent pas, les villes fermées peuvent établir des taxes sur les objets de consommation. Il existe en Hongrie une taxe sur les loyers au-dessus de 100 florins. Les recettes de la ville de Vienne consistent principalement en surtaxes ajoutées aux impôts directs de l'État; à l'impôt de consommation et au droit de mutation sur les immeubles également perçus par l'État (1).

Pour connaître les contributions communales en Allemagne, il est indispensable d'en rechercher les bases dans chacun des différents pays qui composent l'empire actuel. Associés par le Zollverein au point de

(1) *Journal officiel*. Chambre, 1892. Documents parlementaires, p. 834.

vue des douanes, et unifiés par la constitution nouvelle au point de vue de la politique générale, de l'armée et de la marine, les divers États ont conservé leur autonomie, en ce qui concerne l'administration et les finances municipales. Ici, les lois n'ont guère varié depuis le XVIIIe siècle ; là, l'ancienne fiscalité a cédé entièrement la place à des impôts tout modernes, que notre pays n'oserait aborder ; ailleurs encore, les principes nouveaux se sont combinés plus ou moins heureusement avec les droits d'origine féodale qui subsistent encore dans quelques pays (1).

C'est ainsi qu'en Bavière les princes et comtés médiatisés jouissent encore du privilège de faire entrer en franchise, sans être tenus au payement d'aucun octroi ou impôt indirect, tout ce qui est utile à leur existence et nécessaire à leur consommation et à celle de leurs gens (denrées coloniales, vins, cigares, etc.).

A Berlin, l'octroi a été supprimé. La ville trouve des ressources dans trois impôts directs :

a) L'impôt sur les maisons, qui se solde en quatre termes, dont le total est égal aux 2 2/9 p. 100 du produit annuel des loyers augmentés de 1/3 p. 100 à titre de contribution au logement des troupes en temps de paix ;

b) L'impôt sur les loyers (6 2/3 p. 100 du prix de location) ;

c) L'impôt sur le revenu, qui est tout simplement une surtaxe ajoutée à l'impôt de l'État sur le revenu. Son

(1) D'Avenel, *les Octrois en France et à l'Etranger*, p. 41.

taux varie selon les besoins de la caisse municipale ; ces dernières années il a égalé le taux de la taxe d'État.

A Cologne, les taxes communales viennent s'ajouter aux taxes d'État ; savoir : 40 0/0 de l'impôt de l'État sur les biens fonds et les bâtiments et 165 0/0 de l'impôt sur les revenus par catégorie et de l'impôt des classes. Deux taxes purement communales : la taxe des chiens (9 marks) et la taxe scolaire due par les censitaires seulement ayant des enfants fréquentant l'école.

A Kœnigsberg, les impôts directs sont perçus sous forme de surtaxe ajoutée aux impôts de l'État : 220 0/0 de l'impôt normal de l'État sur le revenu et 33 1/3 0/0 de l'impôt sur les propriétés bâties et non bâties.

Dans le Palatinat, il est vrai, nous remarquons l'existence des octrois. Dans cette partie de l'empire allemand que nous avons si longtemps occupée et qui faisait partie de l'empire de Napoléon Ier, la législation communale a profondément gardé l'empreinte de nos lois et de notre administration. Modifiée par les lois bavaroises des 9 août 1816 et 17 novembre 1837, la loi française subsiste presque dans son intégralité ; on y retrouve les cinq divisions de marchandises auxquelles peuvent s'appliquer les taxes d'octroi (liquides, comestibles, combustibles, fourrages et matériaux). Toutefois les fruits, le beurre et le fromage, compris dans notre tarif du 12 février 1870, ne peuvent être frappés de droits.

Il est à remarquer que partout où disparaissent les octrois existant encore en Allemagne, paraît l'impôt sur le revenu, dont l'inconvénient est d'être d'une assiette difficile, surtout dans les grands centres Cependant nous devons reconnaître que ce dernier impôt tend à prédominer de l'autre côté du Rhin. Du reste les impôts indirects y sont encore beaucoup plus pénibles à supporter que dans notre pays. La farine est taxée à peu près partout, et en Prusse seulement la taxe de mouture atteint le froment dans une proportion quatre fois plus forte que le seigle.

HOLLANDE, DANEMARK

D'origine fort ancienne (1305), les octrois hollandais furent uniformément réglementés par un décret royal du 4 novembre 1806 et par une loi du 29 avril 1819. Après diverses limitations législatives en 1855 et 1859, aux tarifs perçus par les municipalités, la loi du 4 juillet 1865 a prononcé l'abolition de l'octroi dans le même sens que la Belgique en faisant au millier de Communes à octroi abandon des quatre cinquièmes du produit de la contribution personnelle sur les territoires respectifs.

Faculté fut laissée aux administrations communales d'accroître le nombre de centimes additionnels aux contributions directes et d'imposer le revenu réel ou plus exactement déclaré réel. Presque dans toutes les villes l'on se contentede la déclaration du contribuable, pourvu qu'elle soit faite sous serment.

L'impôt sur le revenu réel déclaré n'est qu'un impôt complémentaire variable formant à peu près le tiers du montant des recettes d'une Commune.

A Amsterdam, on a exonéré les revenus inférieurs à 600 francs et perçu sur les autres revenus répartis en trente-neuf classes une taxe moyenne de 2 0/0 avec deux restrictions d'un caractère humanitaire : 1° le tarif ne bat son plein qu'à partir de 1500 francs de revenu. Le montant imposable du revenu des deux premières classes ne comprend que le quart du revenu, la moitié pour les classes 3 et 4 ; les trois quarts pour les classes 5 et 6 ; 2° le montant total de la contribution est diminué de 5 0/0 pour un enfant mineur et en outre de 3 0/0 pour chaque enfant au-dessus de ce nombre. Les majeurs que des infirmités corporelles ou morales persistantes empêchent de pourvoir à leur entretien sont assimilés à des mineurs. A Leyde la déclaration se fait par lettre cachetée, laquelle est ensuite rendue au contribuable avec ou sans observations et demande d'explications (1).

En Danemark, les droits d'octroi qui y avaient été primitivement établis sont abolis depuis plus de vingt-cinq ans et les Communes ont demandé à l'impôt direct les ressources qui leur étaient nécessaires. On remarquera que les taxes ont dans ce pays le même caractère de spécialité qu'en Angleterre. Il est perçu au profit des Communes :

1° Un contribution pour les tribunaux, les maisons de détention et autres frais de justice du ressort ;

2° L'impôt pour les pauvres est payé, partie par tête d'habitant, partie par la propriété ; il est en général acquitté par le fermier ; l'usage du pays le met à sa charge ;

3° L'impôt scolaire réparti de la même manière ;

(1) Deloynes, *op. cit.*, pp. 88 et suivantes.

4° Les contributions pour chemins vicinaux;

5° Les frais de transport des personnes qui voyagent pour les affaires de la Commune.

Tous les impôts ainsi prélevés au profit des Communes, soit en prestations ou autrement, sont évalués à 7 francs par tête, en argent, et en nature à 3 francs.

ESPAGNE, PORTUGAL, ITALIE,

Il existe en Espagne des droits sur les objets de consommation (*consumos*) : les tarifs sont variables suivant les villes et l'État prélève une partie de l'impôt à son profit.

Comme en France, l'octroi a donné lieu à des plaintes d'autant plus vives que la perception, dans les villes de moins de 2.000 habitants, avait le caractère d'un véritable attentat à la liberté des transactions.

Dans ces localités, en effet, le Gouvernement, pour assurer la perception des droits, pouvait exiger que la vente des objets introduits se fît dans les lieux publics sous la surveillance de l'administration. Ces règles, sévères et gênantes, contribuaient à l'impopularité des droits d'entrée et d'octroi; aussi la suppression de ces barrières fut-elle vivement réclamée. Cette réforme, due à l'initiative de M. Figuerola, ministre des Finances, fut réalisée dans le courant de l'année 1862. On créa un impôt direct, calculé d'après le loyer des bâtiments occupés par le contribuable, et établi proportionnellement à l'importance de la localité.

Le mauvais souvenir laissé par les octrois est encore si vivace dans la population espagnole que, malgré l'état désastreux des finances nationales et locales, malgré la guerre de Cuba et l'appauvrissement général du pays, malgré la constatation quotidienne du mauvais état de la voirie et de la situation rudimentaire et précaire des services publics municipaux, tout le monde opposerait la question préalable à l'ancienne organisation fiscale.

En Portugal, indépendamment des centimes additionnels à l'impôt foncier, qui ne peuvent excéder le dixième de la contribution payée par le propriétaire à l'État et dont la perception au profit des Communes doit être autorisée par une loi spéciale, indépendamment des droits de paroisse destinés au frais du culte et à l'entretien des curés qui frappent les biens-fonds de terre appartenant à chaque paroisse, il existe des impôts sur les objets de consommation. Ces droits sont perçus sur le vin et la viande. Il existe également un impôt communal sur les ventes opérées dans les foires et marchés. Dans quelques localités, les droits sont perçus à l'entrée du champ de foire; dans d'autres, la perception n'a lieu que sur un droit sur le bétail ou sur tout autre article abondant sur le marché (1).

En Italie, les droits de consommation sont perçus comme impôt général; les Communes ont la faculté de percevoir des taxes additionnelles. La législation italienne sur les impôts de consommation établit, au profit de l'État, une taxe ou octroi sur la consommation du vin, du vinaigre, de l'eau-de-vie, des liquides et des viandes, et sur la fabrication de la bière et de l'eau

(1) De Parieu, *Traité des impôts*, II, p. 89.

gazeuse. On y a ajouté la farine, le riz, les huiles, le beurre, le sucre. Il y a ainsi frappé de droits généraux un nombre beaucoup plus grand d'objets de consommation qu'en France, où l'on abandonne ces objets aux octrois municipaux. La même loi règle d'ailleurs à la fois, en Italie, les contributions indirectes et les octrois, tandis qu'en France ces deux impôts ne sont jamais confondus.

Pour l'application des tarifs, les Communes italiennes sont divisées en quatre classes, selon la population, variant depuis les Communes rurales jusqu'aux villes de 50.000 âmes et au-dessus.

Les taxes additionnelles des Communes, celles-là mêmes dont elles frappent des objets qui ne sont soumis à aucun droit au profit du Gouvernement, sont recouvrées par des agents de l'État et les frais de recouvrement sont divisés selon le profit respectif.

Les tarifs élevés des taxes sont pesants pour le contribuable. Elles frappent souvent les objets d'un droit égal à 20 p. 100 de leur valeur.

Les marchandises de première nécessité supportent, sauf le vin et l'alcool, dont l'usage est restreint en Italie, des droits bien plus considérables qu'en France. Ainsi le bœuf paye dans les grandes villes 40 francs par tête au profit de l'État et 20 francs au profit de la Commune, tandis qu'en France il ne peut être taxé qu'à 8 francs maximum (par tête) au profit de la Commune ; la farine (État et commune) peut être taxée à 4 francs le quintal, tandis qu'elle est affranchie du droit dans notre pays.

En résumé, le Gouvernement italien puise encore dans les recettes communales pour remédier à ses embarras financiers ; il maintient les octrois pour ses besoins particuliers, tandis qu'en France cette taxe ne l'est que pour les besoins des Communes.

En Russie, en Suède, en Suisse, en Turquie, en Belgique, il n'y a pas au profit des Communes de taxes semblables. Nous devons néanmoins donner quelques développements sur l'organisation du système belge, qui n'est en vigueur que depuis une date relativement récente.

§ 2. — *Système belge.*

La loi supprimant en Belgique les octrois est de 1860. Longtemps avant cette date, la question avait été soulevée dans les Chambres et en dehors du Parlement. M. Frère-Orban, alors ministre des Finances, résuma, dans l'exposé des motifs de la loi de 1860, les critiques dirigées contre les octrois. On leur reprochait de faire naître des rivalités entre Communes, de rendre les campagnes tributaires des villes, d'apporter des entraves à la réglementation des relations internationales, de comprimer le développement de certaines industries et d'occasionner des frais de perception considérables. Pour défendre les octrois on ne développait qu'un argument : la grande difficulté de remplacer par d'autres taxes les ressources qu'ils procuraient aux Communes. Mais l'opinion réclamait leur suppression ; la meilleure preuve en est dans le nombre de rapports qui furent adressés, à ce propos, au ministre et au Parlement et dans les projets de réforme qui furent présentés aux Chambres. Enfin, en 1860, M. Frère-Orban déposa un projet de loi qui fut voté. Les taxes d'octroi étaient supprimées; il était défendu de les rétablir. Ce principe fut adopté à l'unanimité; néanmoins beaucoup de députés n'étaient pas partisans du reste de la loi (1).

Les ressources que les octrois fournissaient furent remplacées par un fonds communal. Ce fonds communal était alimenté par le produit d'impôts généraux et indirects.

La situation du Trésor permettait à l'État d'abandonner aux Communes une partie de ses ressources : 41 p. 100 du produit des postes et le produit des droits d'entrée sur le café, soit, pour l'année 1861, 3.500.000 fr. On trouvait 10.500.000 francs dans l'augmentation des droits d'entrée sur l'eau-de-vie, la bière et le sucre et dans l'augmentation de l'accise sur ces mêmes objets (2).

La création d'un fonds communal dont les recettes étaient perçues par l'État fut critiquée. Quelques-uns parlèrent même, à ce propos, de socialisme (3); mais les objections portèrent principalement sur le mode de répartition du fonds communal. Il est réparti, chaque année, entre toutes les Communes du royaume au prorata des contributions directes payées par chaque Com-

(1) Des Cilleuls, *Les Octrois et leur remplacement*, p. 28.
Journal officiel. Documents parlementaires, 1892. Chambre, p. 828.

(2) Des Cilleuls, *les Octrois et leur remplacement*, p. 27.

(3) Leroy-Beaulieu, *Traité de la science des finances*, I, p. 743.

mune ; le montant de ces contributions fut considéré comme l'indice le plus exact de la consommation proportionnelle des objets soumis à une augmentation d'impôt ; mais pour ne pas troubler l'équilibre budgétaire des anciennes Communes à octroi, on fut obligé de leur garantir un minimum de quote-part équivalent au produit de l'octroi en 1859 : de sorte que des 14 millions dont se composa, la première année, le fonds communal, 11 millions furent répartis entre 78 Communes comptant 1.200.000 habitants, tandis que 2.500 Communes comptant 3.500.000 habitants ne touchèrent que 3 millions de francs. On cria à l'injustice, à tort, semble-t-il, car cette situation n'était que temporaire et d'ailleurs, les campagnes profitant comme les villes de la suppression des octrois, il n'était que juste qu'elles supportassent une partie des frais.

Aujourd'hui on peut apprécier les résultats de la loi de 1860.

L'État a abandonné une partie de ses ressources aux Communes, mais les ministres des Finances sont d'accord pour dire que ce sacrifice est plus que compensé par le développement que la loi de 1860 a donné à l'industrie et au commerce.

Sous le ministère de M. Beernaert un nouveau fonds communal a été créé. La participation de l'État dans les deux fonds communaux est aujourd'hui des 2/5 du total, c'est-à-dire 14.500.000 sur 36.500.000.

Quant aux Communes elles ont largement profité des avantages que la loi leur faisait. M. Richard, dans son *Histoire financière de la Belgique*, groupe à ce point de vue toutes les Communes belges en quatre catégories. D'abord les Communes qui, en 1859, n'avaient pas d'octroi ; pour elles la loi de 1860 a été un véritable bienfait. Cela se comprend aisément. Au fur et à mesure que s'accroissait le fonds communal et que le nombre des Communes qui ne touchaient que le minimum garanti diminuait au fur et à mesure, les anciennes Communes sans octroi participaient plus largement aux générosités du Trésor. En 1880, avant que M. Beernaert n'eût attribué 5.000.000 de plus aux Communes, la part des anciennes Communes sans octroi était de 12 millions sur 26. On peut affirmer que la progression s'est accentuée.

Parmi les anciennes Communes à octroi le plus grand nombre a, dans le fonds communal, une part très supérieure à ce que les octrois eussent produit, même en tenant compte de l'accroissement prévu. On peut citer Anvers et Charleroi, qui recevaient en 1880 une somme supérieure du double, à peu près, à ce que les octrois leur rapportaient en 1859.

Pour un certain nombre de Communes, dont la part dans le fonds communal est supérieure au produit des octrois, mais pas assez cependant pour que l'on puisse affirmer qu'elles n'eussent pas gagné à les maintenir, on ne saurait dire si la loi a eu des conséquences favorables au point de vue purement financier. Telles sont par exemple les villes de Namur, de Huy, de Dinant et de Bruxelles.

Cependant, pour cette dernière, le produit a monté dans d'assez grandes proportions. Dans une lettre adressée par M. Buls, bourgmestre de Bruxelles, en réponse à celle de M. Sauton, président du conseil municipal de Paris, en 1898, nous trouvons les détails suivants (1).

Après avoir constaté que le mode adopté par le Gouvernement a eu pour conséquence de remplacer les taxes indirectes générales et de reculer ainsi jusqu'à la frontière du royaume les barrières placées à la limite des villes, M. Buls consigne, en ce qui concerne Bruxelles, que le produit des octrois s'est élevé à la somme de :

En 1857	2.516.069,84
En 1858	2.685.599,43
En 1859	2.778.720,46

Le fonds communal a produit :

En 1860	3.017.296,71
En 1880	3.067.823,79
En 1890	3.163.238,60
En 1895	3.750.924,95
En 1896	3.770.258,05
En 1897	3.800.000 » env.

Il y a donc eu une augmentation peut-être pas très forte, mais encore assez sensible.

Enfin, trois villes en 1893 ne touchaient encore que le minimum garanti. Celles-ci ont dû, évidemment, subvenir à l'accroissement des dépenses par de nouvelles taxes, qui ont porté sur des présomptions des fortunes, taxes sur le revenu cadastral, centimes additionnels au

(1) *Bulletin municipal de la Ville de Paris*, 1898. Rapport Adrien Veber, annexe 2, p. 29.

principal des contributions directes, taxes sur les voitures, chevaux, etc.

Il y a un avantage qu'il faut signaler aussi ; c'est l'économie des frais de perception. Ils se montaient à 1.500.000 fr. sur une recette brute de 12.300.000 fr., soit environ 12 p. 100 de frais ; les nouveaux impôts n'ont causé aucun frais nouveau de perception, d'où économie nette.

La loi a-t-elle eu une importance au point de vue de l'amélioration de la vie de l'ouvrier? Nous ne saurions être trop affirmatifs à cet égard.

Les taxes d'octroi ne pesaient pas lourdement sur les objets de première nécessité ; la farine, dans beaucoup de Communes à octroi, n'était pas frappée ; à Gand, on payait 1 fr. 70 par 80 kilos de farine, soit 0,017 (environ) par kilo de pain. Le prix de la viande a baissé à Liège, à Gand et à Bruxelles après la suppression des octrois. D'ailleurs, c'était surtout sur des arguments d'ordre politique et financier que M. Frère-Orban s'appuyait pour défendre la loi.

A propos de la loi belge, M. Leroy-Beaulieu fait deux observations (1). D'abord que tous les États ne peuvent céder tous une partie de leurs ressources. Ne pourraient-ils pas cependant, jusqu'à un certain point, escompter l'accroissement de ressources résultant du développement de l'industrie? Ensuite, il reproche à la Belgique d'avoir remplacé les taxes d'octrois par d'autres impôts indirects au lieu d'établir des taxes locales

(1) Leroy-Beaulieu, *Traité de la science des finances*, I, p. 744.

sur la propriété et sur les loyers. Des considérations politiques s'opposaient à ces taxes en Belgique. Mais en outre, dans notre pays, un impôt sur la fabrication de l'eau-de-vie est d'utilité sociale. Le fléau de l'alcoolisme doit être combattu avec beaucoup de vigueur chez un peuple qui, toutes proportions gardées, consomme plus d'eau-de-vie que n'importe quel autre peuple du monde.

Quant à appliquer en France et intégralement les principes de la réforme belge, cela paraît bien difficile(1). En Belgique, les octrois produisaient, pour les 78 Communes, un total de 10.800.000 francs ; en France, la seule Ville de Paris y trouve 156 millions de revenu. Néanmoins nous devons constater que c'est un enseignement utile à retenir et que peut-être la réforme n'est pas impossible.

Il résulte donc qu'à l'heure actuelle les octrois n'existent qu'en France et en Italie. Là où la vie locale a été libre, comme en Suisse, là où la vie commerciale s'est propagée avec le plus d'activité et le plus de rapidité, comme aux États-Unis, là où la vie communale s'est développée avec le plus de vigueur, comme en Angleterre, l'octroi n'a jamais été connu. Dans les autres pays qui sont parvenus à s'en débarrasser personne ne les regrette.

§ 3. — *Examen des taxes de remplacement.*

Il est facile de voir par le développement qui précède la part de l'État dans les finances communales des

(1) *Journal officiel.* Documents parlementaires. Chambre, 1892. Session ordinaire, p. 822.

pays étrangers ; ce concours est nécessaire pour faire réussir la réforme. Les Communes seules sont dans l'incapacité, avec leurs seules ressources, d'y parvenir. Il y a d'abord lieu de reconnaître que la question de suppression ne se pose pas d'une façon uniforme pour toutes les villes à octroi. Des distinctions sont à faire suivant l'importance de chacune d'elles. On conçoit fort bien que pourvoir au remplacement de l'octroi de Paris, qui produit 156 millions, n'est pas la même chose que remplacer l'octroi d'un chef-lieu de canton situé dans un département éloigné.

Aussi estimons-nous qu'il y a lieu de faire une sélection dans les taxes de remplacement suivant l'importance des Communes. D'un autre côté, si nous examinons les différentes catégories de recettes, nous constatons que les impôts d'octroi qui atteignent les produits alimentaires s'élèvent à 70 0/0 ; les taxes sur les comestibles, les fourrages, les matériaux à 30 0/0. Ces dernières taxes, ainsi que celle des alcools, ne sont défectueuses que par leur mode de perception. Elles peuvent être perçues autrement ; ainsi les droits sur les matériaux peuvent être payés au moment où se délivre la permission de voirie pour construire.

La taxe sur les fourrages pourrait se greffer sur la contribution des chevaux et voitures, en tenant compte, comme cette contribution, des diverses catégories d'éléments imposables.

Quant à la taxe sur les combustibles, on a parlé de la convertir en une taxe sur les cheminées ; nous répugnons à cette idée et pour cette même raison que nous combattrions l'impôt des portes et fenêtres s'il était à établir. La taxe sur les combustibles, selon nous, doit être remplacée par les mêmes moyens que les taxes sur les produits alimentaires.

Pour cette dernière catégorie, à quel système peut-on avoir recours comme moyen de remplacement :

1° Les centimes additionnels ;

2° L'impôt sur la valeur locative;

3° L'impôt sur la valeur vénale.

Examinons l'application de ces divers systèmes.

a) Centimes additionnels.

Nous avons déjà dit en quoi consistent les centimes additionnels. Le principal de l'impôt, c'est-à-dire la somme prélevée par l'État, étant connu, le centime est représenté par la centième partie de ce principal.

Ce système ne pourrait être employé que pour les petits octrois: et ceci sans grande difficulté. C'est d'ailleurs le seul système mis à la portée des Communes par la loi de 1884. D'après M. Guillemet, voici le dénombrement des Communes avec le nombre de centimes additionnels que les taxes de remplacement rendraient nécessaires.

Il faudrait pour remplacer l'octroi :

moins de 50	cent.	additionnels dans	906	communes.
de 50 à 100	—	—	309	—
de 100 à 150	—	—	200	—
Plus de 150	—	—	113	—
		Total....	1.528	

Praticable dans les petites Communes, ce système

devient complètement impossible dans les grandes villes déjà surchargées d'impôts. Il résulterait de l'application de cette méthode une surcharge de 80 p. 100 environ des impôts actuels. L'industrie et le commerce supporteraient ainsi directement et indirectement près de 60 p. 100 des taxes de remplacement, sans compter les augmentations des cotes mobilières du logement des patentés et la taxe spéciale qui devrait atteindre les débitants de liqueurs et spiritueux. Il est indiscutable que la plus grande partie de l'augmentation qui atteindrait le commerce retomberait sur les petits commerçants; il en résulterait que les petits patentés chercheraient à récupérer ces droits sur les prix de vente, ce qui annulerait dans une large mesure l'effet bienfaisant de la suppression de l'octroi. On ne saurait donc pas désirer un changement effectué dans ces conditions.

b) Taxe sur la valeur locative.

Cette taxe est préconisée dans une première édition du *Traité de la Science des Finances* de M. Leroy-Beaulieu. Il faut remplacer l'octroi, dit-il, par des taxes plus proportionnelles : « l'impôt foncier et l'impôt sur les loyers sont naturellement indiqués pour cet office. La taxe sur les loyers est en effet la seule qui soit dans une ville à peu près proportionnelle à la fortune et aux revenus des habitants. » Pour les raisons qui ont été indiquées à propos des centimes additionnels, il serait dangereux de taxer les locaux du commerce. L'impôt ne devrait donc porter que sur les locaux d'habitation. Le calcul de cette taxe entraîne certaines difficultés, car il est nécessiterait un recensement perpétuel, et que malgré tout, on ne pourrait jamais saisir la nombreuse population flottante qui change continuellement de domicile dans les grandes villes et notamment à Paris. C'est d'ailleurs pour cette raison que le projet du conseil municipal frappait le revenu net imposable de la propriété bâtie; et, afin d'éviter des frais et des complications de perception, mettait l'imposition au nom des propriétaires; ceux-ci l'auraient recouvrée à raison de 2 p. 100 dans les maisons; de 1,78 p. 100 sur les usines. Cette différence entre les maisons; et les usines s'explique par ce fait que le revenu net des maisons équivaut aux trois quarts de leur revenu brut et le revenu net des usines aux deux tiers seulement. Mais cette taxe ferait certainement augmenter les loyers et ne suffirait pas à elle seule pour remplacer les taxes d'octroi. La taxe sur les loyers ne peut venir que comme contribution à un système général de taxes de remplacement.

c) *Taxe sur la valeur vénale.*

L'impôt sur la valeur vénale a été le moyen préconisé par le conseil municipal de Lyon dans sa délibération du 20 mars 1888 et par celui de la Ville de Paris, le 21 octobre 1898.

Cette taxe paraît facile à établir, car le propriétaire n'est pas mobile comme le locataire. D'ailleurs la maison, le terrain sont là qui répondent de l'impôt. Ensuite la taxe sur la valeur vénale permettra d'atteindre les locaux inoccupés et empêchera des vacances trop prolongées. Cette taxe, dit-on, atteindra mieux le propriétaire qui habite un immeuble de luxe et qui ne paie pas un impôt proportionnel (1).

L'impôt sur la valeur vénale aura l'avantage de faire payer les jardins, clos, parcs adjacents ou non à l'habitation et qui actuellement sont fort peu imposés.

Les terrains de spéculation qui accumulent du revenu pour l'avenir seront également frappés. M. Yves Guyot, dans sa proposition de loi du 22 juin 1886, avait préconisé ce système; cette opinion dérivait de la thèse présentée par M. Menier et appuyée par M. Yves Guyot de l'impôt sur le capital.

L'imposition de la valeur vénale mérite que l'on s'y arrête parce qu'elle est de forme séduisante et paraît assez simple.

Voyons d'abord si la taxe assise exclusivement sur la propriété est légitime.

Parlant de la taxe sur la valeur vénale de la propriété comme moyen de remplacement des octrois, M. Guillemet s'exprime ainsi (2) : « Voilà certes un impôt qui remplit bien toutes les conditions qu'on doit exiger de l'impôt communal, puisqu'il frappe ceux-là surtout qui bénéficient des améliorations et des embellissements auxquels sont affectées les ressources de la Commune. »

En examinant le revenu des immeubles à Paris, il trouve 750 millions qui, capitalisés à 5 p. 100, donnent

(1) Cette assertion a perdu sa valeur depuis la transformation, en 1890, de la contribution foncière des propriétés bâties en impôt de quotité.

(2) *Journal officiel*. Documents parlementaires. Chambre, 1892, p. 823.

15 milliards, plus 2 milliards pour les terrains non bâtis; en tout 17 milliards. En prélevant sur cette somme 8 p. 100, on obtient 136 millions, somme à peu près suffisante pour supprimer l'octroi. Un loyer de 308 fr. aurait payé 48 francs au lieu de 243 francs, taxe d'octroi pour une famille de quatre personnes (60 francs par tête), soit une différence de 191 francs. A Lyon, d'après le travail fait par M. Gailleton, le maire de cette ville à cette époque, l'octroi pouvait être supprimé avec une taxe de 5,50 p. 100 sur la valeur vénale de la propriété.

Ce système a le gros inconvénient de mettre la propriété en dehors du droit commun.

C'est, en effet, tout d'abord s'écarter étrangement des principes usités en matière d'impôt que d'avoir la prétention de les établir proportionnellement aux bénéfices directs que le contribuable paraît retirer des services publics de l'État ou de la Commune. Où en arriverait-on, si l'on entrait dans cette voie?

Ce serait faire crouler sur sa base le système entier de nos impôts, ouvrir la porte à l'arbitraire et aboutir irrémédiablement à la confusion la plus inextricable. La Constituante a proclamé le seul principe qui puisse nous guider, celui dont on ne saurait se départir sans danger ; il veut que chaque citoyen soit tenu de payer sa part de toutes les charges publiques, proportionnellement à ses facultés et à sa fortune.

Peut-on, d'ailleurs, raisonnablement avancer que les ressources communales soient exclusivement, ou même pour la plus grande part affectées à des travaux de voirie, à des embellissements de la propriété? Est-ce qu'à côté de la voirie, l'assistance publique, les écoles, les théâtres, musées, bibliothèques, monuments, les services de toute sorte, les bureaux, la police, etc., ne grèvent pas dans une large mesure le budget des villes?

Par conséquent il serait injuste, même en admettant la théorie de l'équivalence rigoureuse entre les impôts sur les services rendus, de faire supporter à la propriété la totalité des charges municipales, puisqu'un grand nombre de dépenses ne concernent pas la propriété ; bien que celle-ci subisse une plus-value en raison des travaux urbains.

Maintenant qu'est-ce que la valeur vénale? Quel est son critérium? Il est nécessaire de s'entendre à ce sujet, car c'est un mot qui est susceptible de bien des interprétations différentes. Il n'est pas facile de déterminer cette valeur vénale sauf quand il y a un acte de vente authentique; et encore, les actes authentiques peuvent être déclarés non probants à raison de circonstances particulières dans lesquelles ils sont intervenus.

La valeur vénale sera-t-elle le prix de revient? Ce serait une base essentiellement fausse dans beaucoup de cas, puisque, comme toutes choses matérielles, les immeubles sont soumis à la loi de l'offre et de la demande et que le prix résultant de cette loi peut n'avoir rien de commun avec le coût de revient.

La valeur vénale sera-t-elle calculée d'après le revenu? Ce serait ce qu'il y aurait de plus logique, et cependant il se produirait beaucoup de difficultés, car il faudrait établir des rapports différents entre les revenus et les sources qui les produisent, ainsi un immeuble misérablement construit peut rapporter autant qu'un autre très confortable ; la valeur vénale n'est cependant pas la même.

Empruntera-t-on le système de l'enregistrement qui consiste à évaluer à vingt fois le revenu la valeur en capital d'un immeuble. Ce procédé serait inapplicable aux terrains non bâtis dont le revenu est insuffisant. En ce qui concerne la taxation des terrains non bâtis qui accumulent, dit-on, du revenu pour l'avenir, on serait en plein arbitraire et les difficultés seraient inextricables.

Un impôt aussi lourd sur une valeur vénale improductive n'est-il pas une iniquité puisqu'il atteint le capital dans sa source même et peut arriver à le supprimer. Indépendamment des difficultés existant pour la fixation de la valeur vénale, il convient de remarquer combien un impôt mis sur cette valeur causerait de préjudice à la propriété, sans avantages pour personne. Si cet impôt est fixé à 5 pour 1000 fr. de valeur vénale par exemple, cela représente 10 p. 100 du revenu au taux de 5 p. 100. C'est donc une diminution de valeur vénale de 10 p. 100 que cet impôt causerait au propriétaire en cas de vente, et ce du jour au lendemain, simplement parce que l'acquéreur d'un immeuble retient toujours sur le prix une somme dont les intérêts représentent à peu près le montant des charges annuelles. L'établissement d'un impôt sur la valeur vénale, grevant directement le propriétaire, serait une perte sèche considérable, un capital évanoui sans compensation.

Il n'est pas juste que la propriété immobilière soit taxée de préférence aux autres formes de la richesse publique. Le propriétaire d'immeuble ne mérite pas un traitement plus dur que celui qui est fait au rentier, au propriétaire de valeurs mobilières. On peut même dire que le propriétaire d'immeuble mérite un traitement plus favorable, puisque c'est lui qui, sur un terrain nu, crée une nouvelle matière imposable et fournit ainsi des ressources au Trésor public.

En terminant ces observations concernant la taxation sur la valeur vénale, sur la propriété immobilière, nous devons faire remarquer que cette forme d'impôt risque de favoriser, comme l'octroi, le gaspillage des finances municipales.

M. Leroy-Beaulieu condamnait l'octroi, mais ne voulait pas le remplacer uniquement par une augmentation de l'impôt foncier (1).

«Quoique l'impôt foncier sur les maisons retombe, en définitive, dans les villes prospères sur les locataires; néanmoins, comme des gens ignorants ne se rendent pas compte de cette incidence ; comme, en outre, il faut du temps pour que cette répercussion s'accomplisse, les membres des municipalités des grandes villes, lesquels représentent, en général, le parti populaire pourraient être enclins à augmenter considérablement les dépenses, dans la pensée que les propriétaires en paieraient seuls les frais et que les ouvriers n'y contribueraient pas. Rien n'est plus faux que ce calcul, mais il possible. »

§ 4. — *Concours des impôts généraux.*

LA SUPPRESSION DES OCTROIS EST UNE RÉFORME NATIONALE.

De la difficulté d'asseoir les taxes que nous venons

(1) Leroy-Beaulieu, *Traité de la science des finances*, t. Ier, p. 737.

d'énumérer, découle-t-il cette idée : la suppression des octrois est impossible ? Nous ne le croyons pas ; au contraire, nous pensons qu'il existe un moyen de résoudre la question des octrois dans le sens de la suppression complète.

Jusqu'à ce jour, l'étude de cette question a été envisagée d'après des principes faux. Comme l'a dit le ministre des Finances actuel, M. Caillaux, lors de la discussion de la loi de sursis du 27 juin 1899, la réforme des octrois est une réforme d'ordre national.

Jusqu'à présent on s'est posé, pour résoudre le problème, la question suivante : A qui l'octroi profite-t-il ? Les faits répondent aux Communes. On en a conclu que seules les villes à octroi devaient payer la rançon de la suppression des octrois. Cette conception nous paraît erronée. La véritable question qui se pose est tout autre. On doit dire : à qui l'octroi nuit-il? Les faits répondent à tout le monde ; nous en concluons que cette gêne générale doit faire l'objet d'un rachat général.

En effet, l'agriculture est largement intéressée à la suppression des octrois : non seulement celle-ci aurait un avantage pour les agglomérations urbaines en abaissant le prix des denrées alimentaires, en supprimant les obstacles que cette fiscalité dresse devant l'industrie et le commerce ; mais par cela même que le foyer de production et de consommation serait avivé, on fait un appel plus grand aux produits de la culture. C'est dans cet espoir que les viticulteurs du Midi demandèrent une détaxe des boissons hygiéniques, espérant trouver un écoulement plus facile de leurs produits sur le marché des villes et principalement sur celui de Paris. Le rayon d'approvisionnement des grands centres est augmenté, et une circulation plus grande entre les produits manufacturiers et les produits maraîchers et agricoles s'établit.

Le paysan est obligé de faire l'avance du droit d'octroi; il paie pour le bois, pour le foin, pour le beurre, pour la volaille qu'il porte au marché, si bien qu'il se figure que c'est lui qui paie ce droit, bien qu'il n'en fasse que l'avance; et cependant il n'a pas complètement tort d'avoir cette appréhension, car, en cas de baisse de prix, c'est bien lui qui le supporte. De plus il est contraint à un déboursé quelquefois fort élevé pour les animaux qu'il conduit aux foires et aux marchés, et quiconque connaît les paysans sait combien ces formalités, qui consistent en papiers illisibles et qui se traduisent de sa part en avances d'argent, lui sont antipathiques. En le délivrant de ces entraves on lui donnera une satisfaction proportionnée à ses ennuis d'aujourd'hui.

Dans l'enquête agricole de 1867, les cultivateurs s'accordaient à déclarer que l'octroi, déjà vexatoire par ses longues et gênantes formalités, mettait encore, par l'obligation d'avancer le montant des droits, le paysan dans la nécessité de vendre à tout prix les denrées acquittées pour ne pas perdre le droit payé. En outre, on faisait remarquer que l'octroi frappe plus durement le petit cultivateur que le gros fermier ou le riche propriétaire. Tandis que ces derniers vendent sur échantil-

(1) *Journal officiel*. Chambre. Débats parlementaires, 1899. Session ordinaire, p. 1709.

lons et que l'acheteur va prendre livraison chez eux, le petit cultivateur, au contraire, est obligé d'apporter ses denrées au marché pour en tirer parti. Il est donc exact de dire que les campagnes sont, aussi bien que les villes, intéressées à la suppression de la barrière qui les différencie.

Dès lors, y a-t-il injustice à faire payer aux habitants des campagnes une partie des dépenses des villes? N'est-il pas évident que ce serait un non-sens de demander aux Communes à octroi seules, la rançon de la réforme? C'est d'ailleurs une question de justice. Nous protestons contre la théorie qui tendrait à ne reconnaître comme légitimes que les impôts dont les contribuables tireraient un profit bien visible. A ce compte-là, la légitimité des impôts généraux que nous payons tous serait, dans beaucoup de cas mise, en discussion.

Mais est-il bien exact que le contribuable extérieur ne tire aucun profit des dépenses faites par les villes?

Les 14 millions de Français enfermés dans l'enceinte des octrois ne sont-ils pas les clients les plus sérieux de l'agriculture française? Cette dernière ne subit-elle pas l'effet des tarifs prohibitifs?

En outre, le mouvement corporatif, qui, depuis quelque temps, se développe parmi les populations des campagnes, sous l'influence des syndicats agricoles, pour organiser dans les villes la vente directe de leurs produits de toute espèce, en supprimant la lourde charge des intermédiaires, prendra, par l'abolition des douanes intérieures, une très féconde expansion.

D'un autre côté, les communes rurales envoient

dans les villes un nombre croissant de malades et de gens sans ressources, dont l'entretien, en vertu de la loi de 1893 sur l'assistance médicale gratuite, pèse lourdement sur les bureaux de bienfaisance subventionnés par les villes (1).

En outre, les embellissements urbains, les promenades, les musées ne sont pas à l'usage exclusif des citadins. Est-ce que les dépenses de voirie, l'entretien des rues, qui ne sont que le prolongement des routes nationales ou départementales, ne servent pas à la viabilité générale?

Et en se plaçant à un autre point de vue, n'est-il pas certain que les grands monopoles exercés par l'État, postes et télégraphes, tabacs, allumettes, sels, poudre, atteignent principalement les habitants des villes où l'emploi des services et des produits monopolisés est plus général et plus important qu'à la campagne.

Si on faisait un décompte exact des charges rurales et urbaines, on verrait aisément que ces dernières sont proportionnellement plus élevées que les autres. Aussi quand il se présente une occasion favorable pour accomplir une meilleure peréquation d'une partie de ces charges, ne doit-on pas la laisser échapper, surtout quand personne ne doit se trouver lésé.

L'objection faite par la commission de l'enquête agricole de 1867, qui craignait de placer les Communes dans la dépendance de l'État au point de vue de leurs finances et porter ainsi, dans une certaine mesure, at-

(1) En janvier 1894, la proportion des étrangers dans les hôpitaux de Paris était de 64 p. 100 (*Organisation de l'assistance hospitalière*, rapport du Dr Boudet au Congrès national d'assistance, 1894).

teinte à leur autonomie n'est pas de nature à effrayer. Au fond quel mal y aurait-il à obliger les conseils municipaux à être plus ménagers des deniers publics ?

Déjà la loi de finances, afférente aux contributions directes de 1893, stipule que les feuilles d'avertissement des impôts directs doivent énoncer :

1° La part revenant à l'État ;

2° La part revenant au Département et à la Commune. Pourquoi cela? Simplement pour montrer aux contribuables que les augmentations d'impôts proviennent surtout des dépenses locales.

§ 5. — *Participation financière de l'État.*

PROJET FLEURY-RAVARIN

Si le concours des impôts généraux est admis, il est nécessaire de se demander comment s'exercerait la participation financière de l'État.

Dans cet ordre d'idées, M. Fleury-Ravarin a déposé sur le bureau de la Chambre, à la séance du 6 février 1899, une proposition de loi relative à la suppression des octrois, et dans laquelle il préconise ce système (1).

En remplacement des droits d'octroi supprimés, l'État, d'après lui, abandonnerait aux Communes une partie des impôts actuellement perçus par lui et qui conviennent le mieux à leurs finances; il compenserait ce sacrifice dans le budget national par la création d'impôts généraux dans la mesure où cela sera nécessaire.

L'article 1er pose en principe que les octrois devront

(1) *Journal officiel.* Documents parlementaires, Chambre, 1899, pp. 583 et suivantes.

être supprimés, mais seulement en 1901, car l'auteur du projet espérait que la réforme du régime fiscal des boissons aurait été voté par le Parlement à cette date. Il est en effet indispensable qu'elle précède la réforme des octrois. Certaines taxes aujourd'hui perçues à la barrière des villes deviendraient illusoires par la disparition de ces derniers.

L'article 2 est consacré aux taxes de remplacement qui doivent permettre aux Communes de réaliser la réforme; or, la suppression absolue coûtera, d'après la statistique, environ 320 millions. Comment combler le déficit? M. Fleury-Ravarin propose que l'État abandonne aux Communes les ressources que l'impôt foncier sur les propriétés bâties et l'impôt des portes et fenêtres lui permettent de tirer des dépenses somptuaires faites par les villes, dépenses dont les maisons profitent en tout premier lieu et la contribution des patentes. Devenues communales ces taxes garantiront les contribuables contre les excès des dépenses locales. Ce sont les impôts sur les maisons et le commerce qui s'adaptent le mieux aux besoins des villes, les dépenses urbaines n'étant grosses que dans les villes qui ont beaucoup de maisons et le commerce n'étant important que dans les agglomérations. C'est ainsi qu'à Paris, si l'octroi donne la moitié du produit de tous les octrois de France, parallèlement les patentes représentent la moitié du rendement général de cet impôt sur l'ensemble du commerce français.

L'abandon par l'État des trois taxes ci-dessus s'élèvera à 226.084.413 fr., se décomposant comme suit :
Contribution foncière sur la propriété bâtie. 84.059.566

Contribution des portes et fenêtres......... 61.199.847
— des patentes dans les villes de plus de 20.000 habitants............. 80.825.000

L'article 3 prévoit le cas où les taxes abandonnées par l'État aux Communes seraient insuffisantes pour combler le déficit de la suppression des octrois. C'est d'ailleurs ce qui arrivera, car les villes tirant de leurs octrois 326 millions et les contributions abandonnées ne rapportant que 226 millions, on peut donc estimer à une centaine de millions la somme que les grandes villes devront demander à des taxes de remplacement complémentaires.

En première ligne, M. Fleury-Ravarin propose la licence spéciale sur les établissements vendant des boissons à consommer sur place tels que hôtels, restaurants, tavernes, brasseries, cafés-concerts, et de plus sur les pensions y compris les internats d'enseignement.

Le choix de cette taxe paraît s'imposer en première ligne, car seule la licence permettra de faire participer les étrangers et les visiteurs des villes aux dépenses locales. L'importance de la mesure n'échappera pas si l'on se rend compte que l'administration évalue à 55 p. 100 environ des recettes actuelles sur les alcools, la somme payée dans l'ensemble des droits d'octroi sur ces produits, par les établissements vendant à consommer sur place.

La suppression de l'octroi procurerait à ces établissements des bénéfices exorbitants et illégitimes, si l'on ne reprenait pas sur eux, par une autre voie, partie au moins de ce qu'on leur donnerait par la suppression des barrières, dans le produit fiscal de la consommation qui y est faite. Il est impossible d'ailleurs aux villes de se passer de ce supplément de ressources.

Au cas où les impôts directs abonnés par l'État joints à la licence municipale seraient insuffisants, on pourrait recourir à un impôt sur les constructions neuves et sous la forme d'impôt direct destiné à remplacer les droits actuellement perçus sur les matériaux. De même les taxes sur les chevaux et bestiaux remplaceront la partie des droits d'octroi perçus sur les fourrages.

Enfin si les différents impôts directs, abandonnés par l'État, joints aux taxes municipales énoncées ne suffisaient pas à combler le déficit, on aurait recours aux centimes additionnels sur les quatre contributions : M. Fleury-Ravarin les fait à dessein porter sur les quatre contributions, car il paraîtrait injuste et abusif de faire porter les charges de la réforme plus lourdement sur la propriété foncière que sur les autres sources de revenus. En effet, les dépenses municipales ne serservent pas seules au propriétaire, à l'exclusion des autres. Les dépenses scolaire, hospitalière, d'assistance ne servent nullement à la propriété.

C'est donc en employant ce système que les communes pourront, sans compromettre l'équilibre de leur budget procéder à la suppression des barrières d'octroi.

Maintenant comment l'État récupérerait-il ses 226 millions? L'article 5 du projet se charge d'y répondre en préconisant l'idée d'ajouter un décime à l'ensemble de nos impôts indirects. A l'heure actuelle, nous avons deux décimes établis à titre provisoire en sus des impôts indirects, en vertu des lois des 6 prairial an VII, 23 août 1871 et 30 décembre 1873. Ils pourraient être définitivement joints au principal. Alors ce principal nouveau supporterait un décime supplémentaire, à partir de 1902, portant :

1° Sur les impôts perçus par l'administration des contributions indirectes, à l'exception des impôts sur les transports ;

2° Les impôts perçus par l'administration de l'enregistrement et du timbre ;

3° Les impôts perçus par l'administration des douanes et ayant le caractère fiscal (sucres coloniaux, cafés, thés, poivres).

Mais M. Fleury-Ravarin ne propose cette mesure qu'à titre temporaire, c'est-à-dire pour donner le temps à l'État de faire passer de son budget aux budgets communaux les sommes nécessaires à l'accomplissement de la réforme.

En outre, M. Fleury-Ravarin demande l'unification des taxes sur l'alcool, et il propose l'élévation à 195 fr. l'hectolitre ; nous serions, néanmoins, au-dessous de l'Angleterre et de la Belgique, où ce droit monte à 500 fr. 17 et à 200 francs.

Certes, la conception de M. Fleury-Ravarin est séduisante et, en dernière analyse, la réforme se ramène à substituer un ensemble d'impôts indirects mal établis, réclamés aux seuls habitants des villes, des taxes indirectes générales, mieux assises et mieux perçues par l'État, sur l'ensemble des citoyens. Le problème de la suppression des octrois serait résolu par un simple virement.

Le conseil municipal de Lyon a émis un vœu en faveur de l'adoption de cette proposition par le Parlement. Dans le même ordre d'idées, le conseil municipal de Paris, qui avait émis des vœux en faveur de l'abandon des taxes perçues par l'État, sur les boissons hygiéniques à leur entrée dans Paris, a voté à l'unanimité, dans la séance du 20 mars 1899, un projet d vœu dans lequel on demande le concours financier de l'État par l'abandon aux Communes des impôts directs (1).

Les solutions complètes de la question reviennent toujours à cette conclusion.

Voici quels effets aurait, pour Paris, l'adoption de la proposition de M. Fléury-Ravarin (2) :

CONTRIBUTIONS EN PRINCIPAL ET CENTIMES GÉNÉRAUX abandonnés par l'État à la Ville	PRINCIPAL 1890	CENTIMES additionnels généraux (nombre)	PRODUIT DES CENTIMES additionnels généraux	MONTANT TOTAL des contributions et centimes généraux abandonnés par l'État
	Francs.	Centimes	Francs.	Francs.
Contribution foncière (propriété batie)	19.693.359	12,3636	2.434.808	22.128 167
Contribution des portes et fenêtres	6.928.606	27,1636	1.882.058	8.810.664
Contribution des patentes (déduction faite des 8 centimes prélevés annuellement au profit des Communes)	23.801.210	48,126	12.450.619	36.251.829
Totaux	50.423.175		16.674.485	67.190.660

(1) G. Cadoux, *les Finances de la Ville de Paris*, p. 347.

(2) G. Cadoux, *les Finances de la Ville de Paris*, p. 430.

Montant des contributions abandonnées par l'État à la Ville..........................	67.190.660
Licence sur les débitants de boissons vendant à consommer sur place (hôtels, restaurants, brasseries, cafés-concerts, pensions, internats d'enseignement), moitié environ des droits d'octroi payés actuellement...........	21.286.324
Taxe sur les constructions neuves........	8.800.000
Taxe sur les chevaux et bestiaux (60 à 70 fr. par cheval)............................	6.000.000
Centimes additionnels aux 4 contributions (82 centimes)............................	52.723.016
Produit égal aux taxes d'octroi.....	156.000.000

On remarquera que, dans ce tableau, le nombre des centimes additionnels est considérable, et qu'il serait peut-être préférable de les remplacer par des taxes spéciales (pavage, assistance, éclairage, etc.), dont l'assiette serait faite comme en matière de contributions directes, et auxquelles la préférence doit leur être accordée au point de vue fiscal.

Malgré cette remarque, le projet Fleury-Ravarin mérite attention et il est désirable que le Parlement le prenne en considération.

CONCLUSIONS

Nous nous sommes efforcés de démontrer dans cette étude l'iniquité des droits d'octroi, et nous croyons avoir réussi à prouver combien leur existence fait tâche, dans notre organisation fiscale.

A l'heure actuelle, si la loi sur le dégrèvement des boissons hygiéniques est mise en vigueur au 1er janvier 1901 sans qu'un nouveau sursis soit donné à son application, la cause de l'octroi aura fait un pas. En effet, les Communes s'apercevront que leurs frais de perception augmenteront dans une proportion inverse au montant des recettes. La barrière, contre laquelle tout le monde s'élève, ne servira plus qu'à protéger la perception des droits d'entrée de l'État, qui lui seul trouvera un bénéfice à l'application de cette loi.

Le motif pour lequel la loi de sursis de 1899 a été votée n'a plus sa raison d'être. L'exposition universelle de 1900 est finie, et les plus-values que l'on espérait pour l'octroi de Paris ne se manifesteront pas l'an prochain. D'ailleurs, les intérêts de la province et de la capitale sont connexes.

Les octrois abolis feront disparaître un des derniers vestiges du moyen-âge; cela permettra à l'opinion publique de voir plus clair dans les questions de fiscalité, de mieux comprendre la nouvelle vie financière des Communes.

M. Fleury-Ravarin a signalé dans son projet sa modestie. Nous sommes encore plus modeste. Nous demandons simplement à l'État de supprimer ses droits d'entrée.

Comment l'État trouvera-t-il les taxes de remplacement des droits d'entrée? Nous n'avons pas à l'indiquer; car elles ont été votées par la Chambre et elles n'attendent plus pour vivre que la bonne volonté du Sénat. Ce sera le seul moyen de forcer la main aux municipalités timides. Il est temps de racheter ces impôts qui frappent de plus en plus la consommation populaire et nuisent en même temps au développement économique de la France.

On a souvent reproché à l'agriculture de ne pas savoir organiser suffisamment le commerce du sol, de l'étable et de la ferme. Mais on ne s'est pas suffisamment demandé si l'appareil intermédiaire de l'octroi n'était pas le principal obstacle à la mise en communication du producteur et du consommateur.

Tous les grands pourvoyeurs des agglomérations urbaines, qu'ils soient producteurs de houblon et fabricants de bière, ou viticulteurs, négociants en vins, ou cultivateurs, trouveraient leur compte à traiter de la vente et de l'achat sans perte de temps, sans entraves, sans aucune de ces vexations ou de ces complications que l'organisme financier oppose aussi bien à l'offre qu'à la demande. En l'espèce, c'est bien une harmonie évidente que cette frappante solidarité économique qui réunit aujourd'hui dans la même gêne toutes les branches de la production nationale et toutes les classes de la consommation urbaine et qui, par la disparition des octrois, associerait producteurs et consommateurs dans un même et égalitaire partage de bénéfices.

Jusqu'ici c'est l'importance excessive de l'octroi de la capitale qui constitue une des grandes difficultés et on peut dire que la question est encore plus parisienne que nationale. Nous ne verrions aucun inconvénient à ce qu'un régime spécial soit étudié pour Paris, la situation exceptionnelle faite à cette ville sous tous les rapports le justifierait surabondamment. Ce ne serait pas d'ailleurs une innovation. Déjà au point de vue municipal la loi du 5 avril 1884 n'est pas applicable à la capitale.

Ensuite, précisément en ce qui concerne l'octroi, la Ville de Paris est depuis longtemps dans une situation particulière. L'ordonnance du 9 décembre 1814 (article 102) a prévu pour l'octroi et l'entrepôt de Paris l'établissement d'un règlement particulier qui, promulgué le 23 décembre 1814, a été modifié par une ordonnance du 22 juillet 1831, laquelle est encore en vigueur.

L'entrepôt industriel, visé par le degré organique du 12 février 1870 (art. 8 et 14), a été remplacé, pour la Ville de Paris, par un système de compensation entre les entrées et les sorties, par le décret du 10 janvier 1873. Ajoutons encore, bien que ce ne soit pas une question d'octroi, que les 27.000 débitants parisiens ne sont pas assujettis à la licence. C'était là une immunité que M. Burdeau, ministre des Finances, dans son projet de réforme du régime des boissons du 17 mars 1894, voulait faire cesser.

En un mot l'octroi parisien est sous un régime d'exception que nous n'avons pas qualité pour discuter, mais dont le caractère vient à l'appui de notre thèse. Au point de vue des grands intérêts parisiens en jeu, il ne sera pas mauvais que le régime nouveau à appliquer marque bien la tutelle de l'État ; les contribuables parisiens y verront une garantie contre les entraînements irréfléchis. Mais si on admet la possibilité de faire un régime spécial à Paris, au point de vue du remplacement de l'octroi, nous nous permettons d'émettre l'idée que ce système soit étendu à tout le département de la Seine. Nous avons montré, en parlant de l'octroi dit de banlieue, dans quelle situation spéciale se trouvent les Communes suburbaines du département de la Seine. Or, par la suppression de l'octroi, ces Communes seront fortement embarrassées pour retrouver l'équivalence dans le produit, même avec le concours de l'État. A part quelques Communes, comme Neuilly, Levallois, Saint-Denis, Boulogne et Vincennes, qui ne sont pour ainsi dire que des prolongements de la grande cité parisienne, toutes les autres sont dans une période de transformation que l'on peut considérer comme transitoire. Ces Communes, qui pourtant ont une population de 25.000 à 40.000 habitants, ne pourraient opérer comme des villes de province de la même importance. D'ailleurs, elles sont presque toutes, à certains points de vues, tributaires de la Ville de Paris ; le projet de Paris-Département permettrait de faire cesser cette anomalie.

D'ailleurs, ce n'est pas d'aujourd'hui que l'annexion des Communes suburbaines est à l'ordre du jour, et elle n'est retardée que par la solution de la suppression des octrois.

Nous avons bon espoir que la République actuelle, suivant en cela l'exemple de celle de 1789, accomplira cette réforme demandée par tout le monde. La voix autorisée de M. Waldeck-Rousseau nous permet de ne pas considérer la chose comme une utopie. Dans un récent discours, où il exposait sa politique d'action, il s'exprimait en ces termes au point de vue spécial de la viticulture française : « Une grande industrie, disait-il, l'industrie viticole, traverse une époque difficile et qui appelle de prompts remèdes. Il en est que doit rechercher l'action du Gouvernement et qui ont déjà éveillé son initiative; il en est d'autres qui nécessitent l'intervention du Parlement, mais aucune n'est plus urgente que la réforme du régime fiscal des boissons qui tient en suspens l'application de la réforme des octrois et sur laquelle l'accord existe entre la commission et le Gouvernement ; le vote s'en impose à bref délai. »

Nous ne pouvons mieux faire que de terminer cette étude par cette citation. Que l'État rachète ses propres droits et les Communes rachèteront les leurs : *Cuique suum*. Que le Parlement sacrifie les droits d'entrée de l'État, et les Communes sacrifieront les leurs. Et l'octroi aura vécu.

Le Président de la Thèse
Arthur Girault

Vu : *Le Doyen*
Le Courtois

Vu et permis d'imprimer
Poitiers, le 19 novembre 1900.
Le Recteur,
H. Cons.

BIBLIOGRAPHIE

TRAITÉS GÉNÉRAUX

LEROY-BEAULIEU. — Traité de la science des finances, in-8, 1892.
DE PARIEU. — Traité des impôts.
CADOUX. — Les finances de la Ville de Paris.
MONTESQUIEU. — De l'esprit des lois.
CHAUVEAU. — Traité des impôts et des réformes à introduire, 1883.
ADAM SMITH. — Richesses des nations.

TRAITÉS SPÉCIAUX

D'AVENEL. — Les octrois en France et à l'Étranger, in-8, 1881.
MICHEL CHEVALIER. — L'industrie et l'octroi de Paris, 2e édition. Paris, 1868, in-8.
Comptes des frais de perception de l'octroi de Paris pour les exercices 1882 et suivants. Paris, sans date, in-4 (publication de l'administration de l'octroi de Paris).
DARESTE. — Code des octrois municipaux et des frais de casernement, in-8, 1874.
DELOYNES. — Les octrois et les budgets municipaux, 1871, in-8.
DES CILLEULS. — Les octrois et leur remplacement. 1894, in-8.
DESPLANQUES. — Des impositions municipales en vue de la suppression des octrois, 1894, in-8.
HERMITTE. — L'octroi et l'impôt des boissons.
LANQUETIN. — De l'octroi de Paris, de son influence sur la falsification, la consommation et le prix des vins.
MARTIN. — Rapport présenté au conseil municipal de Périgueux au nom de la commission municipale chargée d'étudier la question des octrois.
Notes statistiques sur la situation financière des octrois, 1896, in-8 (publication du ministère de l'Intérieur).
Dr PAPILLON. — Etude documentée sur la suppression des octrois et les taxes de remplacement, 1896, in-16.
FRÉDÉRIC PASSY. — La question des octrois, 1867, in-8.

Pey. — La suppression des octrois, 1894, in-8. Congrès de la propriété bâtie de France, section III.

Tramuset. — De la réforme de l'octroi et l'impôt des boissons, 1892.

DOCUMENTS OFFICIELS

Journal officiel. — Documents et débats parlementaires de la Chambre des députés, en particulier :

Exposé des motifs de la proposition de loi Yves Guyot sur la suppression des octrois. *Journal officiel,* Documents parlementaires, Chambre des députés, session ordinaire, 1886, pp. 289 à 302.

Rapport Yves Guyot. — *Journal officiel,* Chambre des députés, session extraordinaire, documents parlementaires, 1888, annexe 3362, pp. 682 à 693.

Rapport Guillemet. — *Journal officiel,* documents parlementaires, Chambre des députés, 1892, session ordinaire, pp. 815 à 857.

Rapport Bardoux. — *Journal officiel,* documents parlementaires, Sénat, 1893, session ordinaire, pp. 231 à 280.

Exposé des motifs de la proposition de loi Fleury-Ravarin. — *Journal officiel,* documents parlementaires, Chambre des députés, session ordinaire, 1899, pp. 583 et suivantes.

Bulletin municipal officiel de la Ville de Paris. — Délibérations du conseil général de la Seine et du conseil municipal de Paris, années 1879, 1881, 1887, 1898, en particulier :

Rapport Adrien Veber, n° 71.

RECUEILS DIVERS

Fuzier-Hermann. — Répertoire général alphabétique de Droit français.

Journal des conseillers municipaux. — Années 1883, 1878, 1880, 1886, 1888, 1892, 1898, 1899.

Ecole des Communes. — Années 1876, 1880, 1882, 1894, 1898, 1899.

Annuaire statistique de la France. — 1899.

Annuaire statistique de la ville de Paris. — 1898.

Revue administrative. — 1891.

Vuatrin et Batbie. — Lois administratives françaises.

Souviron. — Le code communal.

TABLE DES MATIÈRES

INTRODUCTION

Poitiers. — Impr. Blais et Roy.

RED. :

20

MIRE ISO N° 1
NF Z 43-007
AFNOR
Cedex 7 - 92080 PARIS-LA-DÉFENSE

379 89 70
graphicom

0 1 2 3 4 5 6 7 8 9 10

www.ingramcontent.com/pod-product-compliance
Ingram Content Group UK Ltd.
Pitfield, Milton Keynes, MK11 3LW, UK
UKHW022106260726
13993UKWH00001B/334